Colección

Psicomotricidad,
cuerpo y **movimiento**

Director de colección
Pablo Bottini

Ilustración de portada: Bea Canoura, *El poder del abrazo humano*, Técnica Mixta, 2021 (fotografiada por Marcelo Pradells)

Edición: Primera. Octubre 2024
Lugar de edición: Buenos Aires, Argentina / Barcelona, España

ISBN: 978-84-19830-79-1
e-ISBN: 978-84-19830-80-7
Depósito legal: M-21703-2024

Thema: ATQ [Dance]
YXA [Children's / Teenage personal & social issues: Body & health]
SCGF [Sport science, physical education]
BISAC: PER003040 [Dance / Modern]
PSY045010 [Movements / Behaviorism]
YAF047010 [Performing Arts / Dance]

Diseño y composición: Gerardo Miño

Página web: www.minoydavila.com
Mail producción: produccion@minoydavila.com
Mail administración: info@minoydavila.com

Dirección: Tacuarí 540
(C1071AAL), Ciudad Autónoma de Buenos Aires.
tel-fax: (54 11) 4767-0421

Raquel Guido

Sensopercepción, una práctica poética de la presencia

El camino del cuerpo

A Nehuén

Linda Luna

ÍNDICE

Agradecimientos 11

PRÓLOGO, *por Sandra Reggiani* 13

PROEMIO, *por Gerardo Acosta* 17

PRESENTACIÓN 21

- Las escrituras no se me quedan quietas 21
- Lenguaje inclusivo 22

CAPÍTULO 1: Preliminares 23

- Introducción 23
- Breve encuadre de la Expresión Corporal: difusión y confusión.. 25
- Expresión corporal como concepto 25
- El Espacio corporal como espacio expresivo 27
- La Expresión Corporal como nombre de una práctica específica 28
- Historia local 30
- Tramas y confusiones 31
- La formación profesional 32

CAPÍTULO 2: Primeros aportes 35

- Expresión Corporal 35
- Danza para todas, todes, todos 37

- Modelos hegemónicos y contra hegemónicos 37
- Nuevos contextos, nuevas subjetividades 39
- Una antigua relación: música-movimiento 39
- La infinitud de lo efímero 40
- Desbordando el entendimiento 40
- Sensopercepción 41
- La Sensopercepción como práctica poética de la presencia 42
- Sensopercepción en la formación Profesional Universitaria 46
- Concepto de ser humano 47
- Cuerpo y organismo 53
- El cuerpo como construcción sociocultural e histórica 59
- La renovación de los entrenamientos en las artes del movimiento. 61
- El cuerpo habitado como lugar de resistencia 62
- Hegemonías y contra hegemonías 65
- Artistas, creadores de mundos 66
- El cuerpo como territorio en disputa 67
- El cuerpo silenciado 68
- Cuerpos obedientes 69

CAPÍTULO 3: Percepción, sensación, representación 71

- Enfoques y articulaciones 71
- Desde la reflexión filosófica 71
- Desde un enfoque antropológico y sociológico 73
- Complejo perceptivo 74
- Percepción–Conciencia 75
- Sensación 76
- Percepción y trabajo psíquico 79
- Función del organismo y dimensión corporal 81
- Dimensión social de la percepción 82
- Estética 87
- El comienzo: estado fusional e indiscriminación 90
- Percepción, expresión y comunicación 93
- Cuerpo y educación 94
- Percepción, arte y participación 97
- Lxs espectadorxs 100
- Incidencia de las nuevas tecnologías 103

CAPÍTULO 4: Representación mental del propio cuerpo 105

- Esquema corporal 106
- Imagen corporal 109
- Percepción e Imagen corporal 112
- Relación entre las Imágenes corporales 113
- Plasticidad de la Imagen corporal 113
- Imagen inconsciente del cuerpo 117
- Aplicación de estos conceptos al Arte 120

CAPÍTULO 5: Fenomenología de la Percepción. El cuerpo en
              Merleau Ponty 123

- Ser y estar en el mundo 124
- Relación alma-cuerpo 127
- El método fenomenológico 128
- El espacio 131
- El cuerpo 131

CAPÍTULO 6: Cuerpo, arte y percepción 135

- Experiencia estética y trabajo creador 136
- Cuerpo, arte y contexto contemporáneo 138

CONCLUSIONES 141

- Síntesis 143

BIBLIOGRAFÍA 147

Agradecimientos

A estas alturas de mi vida son tantos… que sé que nombrar es recortar. Agradezco a aquellxs locxs que supieron entender y seguir mis rastros desobedientes. Sensibles, como olfateándome los pasos y haciendo sus propios giros. Empoderadxs, multiplicadores. Algunos se formaron conmigo de manera personal, otrxs se nutrieron con mis escrituras a las que les dieron vida con su mirada y escucha, y otra, como Sandra Reggiani,con quien nos formamos juntas en el primer profesorado y luego en la Licenciatura en Composición Coreográfica Mención Expresión Corporal, en la UNA. Algunxs formaron parte de mis equipos de cátedra, otrxs quedaron como herederos y toman la palabra.

Gracias a mi amado Gerardo Acosta, compañero leal que siempre me hizo sentir su presencia suave y tibia, esa que respalda, que anima…y gracias por su amoroso Proemio. Gracias a Sandra Reggiani por todos estos años de pelearla espalda contra espalda, comprometidas en el afecto y la tarea. Gracias porque supimos vivir y poner en práctica la clave de que la idea era nutrirnos mutuamente en lugar de competir. Y aprendí tanto de ella… tanto en lo personal como en la práctica de la profesión compartida

A quienes fueron parte en un momento de mis equipos, Silvana Sagripantti y Julia Pomiés y Alejandra Masa. Lindas ellas, pusieron su chispa y su amor en esta construcción compartida. A Emy Blanco que siguió mi locura riendo, siempre riendo, y no se asustó cuando en sus comienzos esta loca profesora eligió un lugar abajo del piano, tapados por su tela, para retarlo por un parcial horrible.

Gracias a Laura Requejo, que siento tan cercana y cada vez me estimula a la acción, como ser terminar este libro y publicarlo. Gracias Lau por tus lecturas curiosas, por tu reconocimiento y por la difusión de mis trabajos en tus prácticas profesionales.

Especialmente agradecida a mi hermana del alma Beatriz Canoura, Artista Plástica y referente cultural del Partido de la Costa, por la obra de tapa, creada en tiempos de Pandemia, movida por la necesidad de abrazos que da cuenta del contenido de este libro.

A todxs mis estudiantes que me estimularon con su compromiso social llevando la Expresión Corporal a los que están mas allá de la frontera y siempre quedan fuera. Pienso en Vicky Lagos, Eduardo Góngora y Naty, Marcela Collins, Martha Labella y mas recientemente en Estanislao Grech, en Emy Blanco, Laura Requejo... y todos cuya presencia quedo en algún lugar de mi cuerpo, en estos tiempos en que la memoria me juega a fallar..

Gracias. Gracias. Gracias.

Raquel Guido

PRÓLOGO

por Sandra Reggiani[1]

Queli, la perceptiva

Iniciar el prólogo de este libro sin dar cuenta de su autora y su singularidad sería un error imperdonable. Fiel reflejo de aquella afirmación popular hecha canción *vivir solo cuesta vida*, Raquel transita la vida de modo exuberante y voluptuoso, con una amplia modulación de su tono vital.

De participante en el arte undergroun de los años ochenta compartiendo shows con los *Redonditos de Ricota* y asidua concurrente de sitios *under*, participando en la revista Pan Caliente del genial Jorge Pistocchi, que funcionaron como cocina de los movimientos contraculturales por aquellos tiempos tales como el café *Eistein*; a la formación de formadores, la dirección de sus investigaciones, el diseño de planes de estudios para la formación superior y la conducción de cátedras universitarias. El trazo de Queli lejos de transitar la exaltación entre opuestos excluyentes, da cuenta en su andar del diálogo entre perspectivas complementarias, encarnando así

---

1 Doctorando en Artes (UNA) Licenciada en Composición Coreográfica. Profesora de Artes en Danza. Profesora de Expresión y Lenguaje Corporal. Titular de la asignatura Improvisación. Adjunta Expresión Corporal 1 a 2 cátedra Guido. Directora Grupo de Experimentación en Artes del Movimiento desde 2010, UNA DAM. Investigadora categorizada. Actualmente participa en dos proyectos de investigación acreditados radicados en el DAM. Coautora de los módulos de Danza del pos título Educación y TIC del INFoD. Participa como especialista en Jornadas Nacionales de Capacitación en Educación Artística, en congresos y encuentros nacionales e internacionales de la especialidad. Coreógrafa y bailarina independiente. Directora del proyecto Ventana al Imaginario: Vicevers@, Hálito, soplo suave y apacible de aire y Cabina 6, son algunas de sus obras. Bailarina, docente, investigadora. Directora del GEAM de la UNA y de Ventana al Imaginario, proyecto independiente. Titular de Improvisación en la UNA; Adjunta Expresión Corporal 1 a 2 cátedra Guido. Doctorando en Artes (UNA).

la afirmación "La experiencia es el punto de partida de todo conocimiento" Guido (2009:83) que postula cuando desarrolla el método fenomenológico y su impacto en las prácticas artísticas.

Sensopercepción, una práctica poética de la presencia es una invitación frondosa. Comienzo a escribir y emergen heterogéneas huellas; unas asociadas a nuestros registros biográficos allá por los ochenta con el advenimiento de la democracia; otras que nos encuentran hoy en nuestro ejercicio profesional de la docencia universitaria, apreciando la importancia que reviste la percepción en las prácticas de Expresión Corporal, el aporte que ofrece la formación en artes del movimiento y la importancia de la construcción teórica para sustentar los aspectos propios de los encuadres académicos.

Con la incipiente vuelta a la democracia, nos conocimos hacia principios de los 80 en el Centro de Educación Corporal. Compartimos allí nuestra formación en Expresión y Lenguaje Corporal primero y el ejercicio de la docencia después. Eran tiempos de gran actividad social, se podía volver a permanecer agrupados en las esquinas. Circular y hasta las 22 hs. dejaba de ser la única posibilidad de habitar la calle. Estallidos más o menos fervorosos de posibilidad grupal resurgen, los centros culturales entendidos como lugares de participación y actividad social y cultural comienzan a funcionar. Por insuficientes que hayan resultado esas políticas desde una mirada retrospectiva, dieron en ese momento lugar al encuentro y a un comienzo de transformación del dolor y el silencio social. Mientras tanto, nuestra cotidianeidad académica era atravesada por las experiencias escénicas y pedagógicas con la misma pujanza; la escena y el aula eran la caja de resonancia en donde la Expresión Corporal canalizaba sus aportes y desde donde identificaba sus desafíos.

Por esos tiempos, la valoración de las capacidades sensibles, motoras y expresivas era un interés pregnante. Avanzar en la construcción de estrategias que permitieran el desarrollo simultáneo de estos aspectos, fue una premisa que orientó diversos recorridos, el andamiaje académico de la Expresión Corporal dentro del sistema educativo es una huella contundente en esta dirección.

En el campo de la danza Iris Scaccheri, bailarina argentina, hacia 1997 comparte para Kiné en una entrevista que la misma Queli realizara junto a Julia Pomiés:

La propuesta de Inx[2], nunca puede hacerte daño porque ella movía el cuerpo sencillamente desde la anatomía, limpiamente. Por eso yo realmente rescaté sus principios.

Para poder entendérselo me quedé encerrada un año en un cuadrado de 4x4, en medio del verde, y no me permití mover ni una pierna si no tenía un sentido anatómico. Tenía catorce años y no era fácil a esa edad quedarse quieta y comprender por qué anatómicamente podía moverse el brazo de tal o cual manera y por qué no. Después con lo obtenido en esa investigación rompo toda estructuración y hago lo que quiero. Es muy tentador trabajar con uno mismo, porque cada día descubrís algo. Aunque trabajes sobre la misma coreografía, hallar en un instante otro enfoque es maravilloso.

Realmente me parece que esa fue la técnica mas sabia que conocí.

Aquí Iris reflexiona sobre la importancia que ella encuentra en el abordaje consciente sobre si mismo para la danza y las posibilidades creativas que contiene el autoconocimiento. Influenciada por Inx Bayertal, los abordajes conscientes y orgánicos son fundantes de su obra, junto con el desprejuicio y la libertad para abordar el tratamiento de los materiales elegidos.

Con la publicación de la primera edición de *Cuerpo, Arte y Percepción* Queli contribuye en la construcción de esa red al darle consistencia teórica a esas premisas. En ella ofrece un abordaje del Complejo Perceptivo respecto de las actividades humanas orientadas a las prácticas artísticas. Analiza y desarrolla los diferentes enfoques respecto de ser humano y las diferencias ineludibles que se establecen entre el cuerpo y el organismo.

Es frecuente encontrar perspectivas *objetivas* sobre el cuerpo, ellas hacen posibles proyecciones universales sobre historias particulares, si bien puede esto atender algunos rasgos humanos, especialmente los biológicos, es claramente insuficiente para dar cuenta de las construcciones culturales y subjetivas. La singularidad es un rasgo propio del ser humano. Esta singularidad es posible cuando se da curso y se atiende a la subjetividad.

La puesta en valor de la subjetividad es un rasgo relevante en la obra de Raquel. Identificar los rasgos singulares de las experiencias perceptivas y ponerlos en relación con las características generales es una práctica posible a partir de este andamiaje teórico. Conocer el tránsito entre la sensación, la percepción y la representación nos habilita accesos para reconocer las

---

2 Inx Bayerthal (1905-1987): Nace en Alemania, formada con grandes maestros tales como Rudolf Laban, Emile Jacques Dalcroze, Rudolf Bode; crea la gimnasia consciente. Abre su primera escuela en 1925 en Frankfurt, hacia 1936 se radica en Uruguay abriendo su segunda escuela allí, en ella se forman Iris Scaccheri e Irupé Pau.

representaciones mentales del propio cuerpo. Alcanzar el despliegue poético al improvisar es la transformación necesaria que transita esa experiencia perceptiva al transformar el gesto corporal en danza. Comprender el cuerpo del bailarín como una construcción social, cultural, variable que dialoga con modelos de referencia, necesidades, emergentes y contextos es un giro en el campo de la danza que se fortalece en estos abordajes. Afirma Raquel (2009)

> El cuerpo habla del sujeto y se construye al mismo tiempo que él. Es el espacio escénico donde se juega una dramática inconsciente del sujeto deseante. Es lugar de encuentro y territorio del ser. Es *en* el cuerpo donde se produce la danza.

Y refuerza los rasgos subjetivos y subjetivantes de las experiencias como constituyentes del sujeto/artista y en la materialidad de sus prácticas y realizaciones. *Trabajar sobre la percepción no es ingenuo, es político* afirma. Los procesos fisiológicos de recepción y transmisión de los estímulos se completan con la interpretación de la información. Esta interpretación es subjetiva y puede ser subjetivante en tanto permite que el sujeto sea protagonista de sus experiencias sin volverse objeto de medición y manipulación externa.

Dimensionar lo singular y lo diverso se vuelven posibles en el acto de reconocer *mi* cadencia en el movimiento en lugar de *la* cadencia del movimiento. La espontaneidad en el movimiento, igual que la confianza en las propias capacidades son rasgos que se desarrollan, no se inyectan. Y esto es político. Estas estrategias que permiten un corrimiento en el punto de vista, habilitan así la singularidad y heterogeneidad de los distintos modos de sentir y hacer. De este modo la heterogeneidad corporal, cultural, encuentra una caja de resonancia en donde es reconocida. Simultáneamente el corrimiento de los rasgos y características motoras y expresivas hegemónicas excluyentes permiten que la diversidad de edades, tamaños, razas, géneros, intereses conecten con su capacidad de danzar. En esta dirección son frondosos y prósperos los aportes que Raquel hace posibles con la escritura de *Cuerpo, Arte y Percepción*.

Referencias bibliográficas

GUIDO, R. (1996) "Entevista a Iris Scaccheri". *Revista Kiné*, n° 21, año 5. Buenos Aires.

GUIDO, R. (2009) *Cuerpo, Arte y Percepción*. Buenos Aires: UNA.

PROEMIO

por Gerardo Acosta[3]

Para todos aquellos, que hemos transitado como alumnos y haber ejercido la docencia en el Arte del Movimiento, la Educación Artística, tomando como referente y motor la disciplina Expresión Corporal y sus técnicas Sensopercepción e Improvisación y hasta diría como una metodología de vida, encontrar en las prácticas y teóricas de la Maestra Raquel Guido, sus enseñanzas, aportes teóricos, sus ejemplos de la vida cotidiana, sus reflexiones, nos lleva a re-pensar, a reflexionar a ponerle palabras, lo que nos sucede en el movimiento y en el cuerpo, en mis inicios de la formación entender la dualidad cuerpo-mente y el desarrollo del proceso enseñanza-aprendizaje que siempre continúa, desde una mirada profunda, lúdica y creativa.

Raquel Guido, en sus clases prácticas y teóricas, en sus conversatorios, nos propone "habitar el cuerpo, el espacio, el tiempo, el vacío, en un acto de pleno estado de Danza"

Rescato en su "Mira quién baila":

---

3   Profesor Nacional de Expresión y Lenguaje Corporal, egresado del Instituto Superior de Educación Artística Centro de Educación Corporal A-771. Técnico Nacional en Recreación, otorgado por el Instituto de Tiempo Libre y Recreación. Licenciado en Composición Coreográfica con Mención en Expresión Corporal por la Universidad Nacional del Arte (UNA). Docente a cargo de las cátedras Introducción de Taller de Estudio e Improvisación, Actuación, Didáctica de la Expresión Corporal, Danza Creativa y Residencia en Contextos Diversos al Lenguaje, del Instituto Superior de Enseñanza Artística, Centro de Educación Corporal A-771. Docente titular de Taller de Expresión corporal en el Instituto Superior de Educación Especial (ISPEE). Docente interino Adjunto Cátedra Improvisación, del Departamento de Artes del Movimiento de la Universidad Nacional del Arte (UNA). Docente interino Jefe de Trabajos Prácticos Sensopercepción I a II. Director del Centro Psicoasistencial Espacios. Modalidad centro de día y centro educativo terapéutico.

…gira, trina, ruge,
remite, permite, admite,
llora, suda, gime,
encuentra, rompe, parte, hiere
y vuelve sobre sí.
Una vez más
La Danza pudo encarnar.

Aquí resume vivencias que habitan en nuestro cuerpo danzando a partir de la sensopercepción, encontrando la poética de la danza y de la vida.

En estas páginas Raquel, hace reflexionar cada vez con más profundidad sobre el Cuerpo en un contexto social actual, muy diferente al de años anteriores, donde la diversidad de géneros y de cuerpos junto a la diversidad cultural nos trae fuertes cambios y poder darle a cada Cuerpo el lugar y el respeto que se merece.

En lo personal me llena de emoción, y de profundo agradecimiento la convocatoria a escribir estas palabras. Fui alumno de Raquel en mi formación como Profesor de Expresión Corporal en el CEC- A-771 fundado por la Maestra Lola Brickman, en el mismo lugar también fuimos colegas.

Y con el correr del tiempo me convoca para formar parte de su equipo en la Universidad Nacional de las Artes, Departamento Artes del Movimiento en las Materias Expresión Corporal I-II y Sensopercepción I-II, formando junto a otros colegas un maravilloso equipo de trabajo, donde me seguí nutriendo de sus enseñanzas, también dentro de la misma Universidad, en la Carrera de Posgrado de Danza Movimiento Terapia (DMT), formamos un excelente equipo y una entrañable amistad.

La verdad un regalo de la vida, haber tenido su presencia en mi formación y en mi desempeño laboral, formar parte de su equipo, analizando, discutiendo, debatiendo, cada tema dar, siempre con la mirada puesta en mejorar la calidad académica en función de nuestros queridos alumnos.

Nuevamente gracias Raquel, por este valioso regalo, gracias al Arte, a la Danza y a la Vida…

Y a disfrutar éstas valiosas páginas…

Sensopercepción, una práctica poética de la presencia

El camino del cuerpo

El perfume de una flor no se capta con el intelecto. Se experimenta en el cuerpo

Raquel Guido

PRESENTACIÓN

Las escrituras no se me quedan quietas...

Este libro se inicia como la reescritura de un primer libro, publicado hace quince años, titulado *Cuerpo, Arte y Percepción. Aportes para repensar la Sensopercepcion como técnica de base de la E C*, publicado por la UNA DAM allá por el año 2009. Dado que esa "reescritura", que inicialmente solo pretendía ser una actualización para una segunda edición, fue tan abundante e incontenible, fue tomando sus propios caminos. Ese primer libro, entonces, devino en un libro nuevo sobre la base del anterior: *Sensopercepción, una práctica poética de la presencia,* testimoniando nuevos recorridos y perspectivas que fue tomando mi trabajo, tanto en la práctica como en lo teórico; reforzando mi perspectiva y especificidad de una comprensión poética de la Sensopercepción, y un ir más allá de la Conciencia Corporal, inaugurando la idea y la práctica de la Presencia.

Perspectivas que hace años vengo difundiendo en el ámbito académico, tanto en Congresos, Jornadas y Encuentros, como en las clases en las aulas. Así también en publicaciones en revistas especializadas como Kine y Topia. También en investigaciones (UBACyT), en Congresos y publicaciones nacionales e internacionales, derivadas de ellas, y en libros compartidos con varios autores como el publicado en España por la editorial Prismática "El cuerpo como camino. Conciencia Corporal en la atención psicológica" compiladora Laura Grinsztajn.

De modo tal que me permito afirmar la autoría original de estás perspectivas específicas de mi trabajo –Poética y Presencia de la Sensopercepción– que implican una metodología y abordaje específico, con objetivos superadores de la conciencia de un organismo o de una anatomía vivenciada, que forman parte de un tránsito indispensable pero no suficiente. Para llegar al despliegue poético es necesario abordar el Cuerpo, restituyéndole su dimensión imaginaria con una metodología y abordaje diferente, y subrayando que solo el cuerpo es poético. El organismo no lo es. Una autoría y creación original producto de mis prácticas e investigaciones personales y en equipo, siempre realimentada con otrxs, que comparto abiertamente en este libro exponiendo y fundamentando mi abordaje específico de la Sensoperecpcion

Lenguaje inclusivo

Parte de la intervención sobre mis propias escrituras, consiste en la deconstrucción del lenguaje binario, que implica y produce pensamientos binarios, categorizaciones binarias, propias del modelo hegemónico cuyo lenguaje refleja y reproduce las asimetrías de género.

Sumando cada día algo más a mi propia deconstrucción, reescribirlo en lenguaje no binarie, implica un desafío estimulante para la acción y el pensamiento y una toma de postura, que no es nueva para mi..

Esta conversión del lenguaje la oriento en el sentido de dirigirme a las personas, sabiéndonos diversxs, singulares, como una práctica de legitimación a través de la escritura, que siempre inscribe pensamientos, de estas singularidades que nos hace visibles como expresión y manifestación de la de la diversidad.

Son lxs estudiantes lxs que traen a las aulas los cuerpos diversos, las disidencias encarnadas, la diversidad de géneros y de cuerpos, la diversidad cultural empoderada, la idea de participar activamente a través del Arte como herramienta poética y política de deconstrucción y construcción de mundos nuevos con la potencia de lo disidente encarnado.

Resulta, entonces, urgente, la adecuación del lenguaje, el pensamiento y la práctica, a realidad que es contexto de existencia hoy, participando en parirse, visibilizando y legitimando lo que emerge.

Este no es un libro neutral.

CAPÍTULO 1

Preliminares

Introducción

El presente trabajo tiene por finalidad abrir la reflexión a partir de un abanico de enfoques y perspectivas con aportes provenientes de diversos campos, para presentar una plataforma que nos permita repensar en el contexto actual –social, cultural, histórico, filosófico, artístico y político– la Sensopercepción, en tanto técnica de base de la Expresión Corporal-Danza, tal como la planteara la creadora del tronco original, Patricia Stokoe. Asimismo, pretende dar los fundamentos que permitan despertar el interés por esta práctica Corporal y abrirla a otros lenguajes de las Artes del Movimiento y del Arte y la vida cotidiana.

A los fines anteriormente citados el trabajo comenzará con un apartado dedicado a dar un breve encuadre de la Expresión Corporal dentro de la Danza a partir de una contextualización histórica que da cuenta de los antecedentes de esta forma de Danza creada y desarrollada en la Argentina. Esto nos permitirá introducirnos en la lectura propuesta partiendo de una distinción entre las distintas prácticas referidas al cuerpo.

El texto se inicia con una definición posible de Expresión Corporal dentro del campo de las Artes del Movimiento y de la Corporeidad. Posteriormente definiremos la Sensopercepción desde bases neurofisiológicas hasta las poéticas, para luego hacerlo desde el enfoque teórico y práctico utilizado en Expresión Corporal, abordando algunos de sus contenidos principales.

Partiendo de la idea de que toda práctica sobre el cuerpo encarna concepciones del ser humano y del mundo, desde mi perspectiva, para profundizar en esta propuesta se hace necesario introducir una reflexión acerca de la concepción de ser humano sobre la que nos sustentamos, así como exponer brevemente la noción de sujeto y construcción de la subjetividad.

Posteriormente, y basándonos en lo anterior, abordaremos una diferenciación conceptual entre las nociones de cuerpo y organismo, para desarrollar a continuación los temas de Sensación, Percepción y Representación enfocando esta temática desde diversos puntos de vista: fisiológico, psicológico, sociológico, antropológico, filosófico y estético.

A partir de esta plataforma introduciré reflexiones sobre el cuerpo en la educación; el cuerpo, arte y percepción, y luego dedicaremos un espacio para considerar la representación del propio cuerpo con los conceptos de esquema corporal, imagen corporal e imagen inconsciente del cuerpo y el análisis fenomenológico del cuerpo en la filosofía de Merleau Ponty para finalizar con una instancia de conclusión a modo de cierre.

Como actual Titular de las cátedras de Expresión Corporal I y II, de las cátedras Sensopercepción I y II y Fundamentos de la Expresión Corporal en las carreras de Profesorado y Licenciatura en Composición Coreográfica con mención en Expresión Corporal, que se dictan en la Universidad Nacional de las Artes (ex IUNA) en el Departamento de Artes del Movimiento, y el Seminario "Teorías de la Corporeidad" de posgrado y Maestría en la carrera de posgrado Danza Movimiento Terapia, y desde el compromiso profesional con el que asumo dichos cargos como docente y mi tarea de investigadora, me resulta apasionante exponer mi interés en profundizar en esta temática específica.

Esta producción se inspira en los principios planteados por Patricia Stokoe, creadora de la Expresión Corporal, práctica cuyo rasgo creativo y lúdico reconoce la legitimidad que permite a cada profesional recrear la práctica y ser también autores de nuestra manera específica de encararla. Del mismo modo que cada bailarínx expresa en su danza y su poética, una singular manera de ser, cada docente investigadorx expresa en su manera de abordar la prácticas y crea condiciones para la experiencia. Una singular manera de ser, ver, pensar, sentir, y experimentar la Expresión Corporal, construyendo nuevas tramas con saberes de distintos campos que hoy abordan el cuerpo, las Performances y las Artes del Movimiento, produciendo conocimientos que el contexto actual nos reclama integrar.

De esta manera, la Expresión Corporal, lejos de proponer un saber cerrado y acabado que se reproduce, nos convoca al desafío de su permanente construcción y actualización a los nuevos contextos, sometida a pensamiento crítico, experiencia y reflexión.

Breve encuadre de la Expresión Corporal[4]: difusión y confusión

Con el nombre Expresión Corporal, desde hace tiempo y hasta la actualidad se menciona en forma difusa a todo tipo de trabajo que implique al cuerpo y su capacidad expresiva en forma lisa y llana. De este modo, profesionales de la Psicología, Psicoanálisis no ortodoxos, Terapias alternativas, Coordinadores grupales, profesores de Teatro o Plástica, Docentes de nivel inicial, entre otros, cada vez que incluyen en su propuesta una actividad corporal ligada a lo lúdico o expresivo, refieren que hacen –o sus participantes creen que hacen– "Expresión Corporal".

Asimismo en el ámbito de la Danza, en sus formas más contemporáneas, cuando se destina un espacio para la improvisación y el desarrollo creativo, o en el ámbito de las riquísimas exploraciones teatrales o escénicas, se mira a la Expresión Corporal como un recurso menor asimilable a otras búsquedas sin necesidad de una formación profesional específica.

En muchos casos se la asimila a una "técnica corporal", recortando su sentido íntimo y reduciéndola a una mera aplicación de actividades que implican al cuerpo sensible, la emoción y la expresión. En otras oportunidades la reducción se realiza bajo la forma de ejercicios para la salud, la postura y el movimiento a modo de una "gimnasia consciente".

Por esto me resulta importante dedicar un espacio en este trabajo para dar cuenta de la especificidad de la Expresión Corporal como práctica, referirme a sus antecedentes históricos y contextuales y distinguirla de otras prácticas que –en los más variados ámbitos– emprenden una búsqueda que integre al cuerpo en otros abordajes.

Expresión corporal como concepto

El concepto de expresión corporal, en un sentido general y común, remite a una capacidad o actividad de los cuerpos de seres vivos de hacer visible un movimiento de la energía que implica emociones surgidas de la relación abierta con su medio. Podríamos afirmar que toda forma de vida que posea un cuerpo y un cerebro que albergue funciones emocionales, "expresa corporalmente" sus estados.

---

4   En base al trabajo presentado con el Título "Expresión Corporal; encuadre, nexos y diferencias con otras prácticas" como Ponencia en el I Congreso de Artes del Movimiento, realizado en el Departamento de Artes del Movimiento, María Ruanova, Instituto Universitario Nacional del Arte, Buenos Aires, octubre del 2005.

Ya Darwin –desde su específica concepción evolucionista y determinista–
en 1782 ponía de relieve su interés por este tema, en su libro "La expresión
de las emociones en los seres humanos y los animales". Los estados de
necesidad del organismo, las tendencias, los grados de tensión y las variables
emocionales, como un movimiento de la energía vital, involucran al cuerpo
haciendo visible lo que de otro modo sería invisible.

Cuando hablamos de seres humanxs, dada la complejidad de su constitución, los contenidos internos pueden referirse a estados del organismo
o de su psiquismo –en verdad siempre ligados–. Imágenes, pensamientos,
sentimientos, sensaciones, emociones, fantasías, deseos, alcanzan en el
gesto y el movimiento expresivo, la postura y la actitud, un espacio donde
hacerse visibles, siempre ante otrx imaginario o real.

Desde el punto de vista de la *evolución ontogenética* la expresión puede ser
pensada, en un comienzo, como manifestación de las necesidades orgánicas
–en las que se incluye lo emocional– dirigidas al entorno. El grito, el llanto,
la hipertonicidad, son la expresión de un estado de tensión del organismo
generado por la ruptura de su equilibrio interno; situación a la que damos
el nombre de "necesidad", la cual siempre es vivida emocionalmente.

A medida que el entorno las comprende –a través de un doble proceso
de codificación y decodificación– otorgándoles sentido y significado, estas
señales inician un pasaje que las convierte en signos. Gradualmente también
las reconoce como tales en sí mismx y en lxs demás.

En un proceso de socialización, la expresión espontánea del cuerpo
es ritualizada por las normas convencionales de cada sociedad que le da
una determinada significación comunicativa. De modo tal que aquella
gestualidad original, espontánea e inconsciente, se va a ir transformando
en comunicación voluntaria, adquiriendo valor de lenguaje por medio del
establecimiento de ciertas relaciones –convencionales– entre significante
y significado. La expresión será orientada, en esta instancia, por una intencionalidad comunicativa codificada socialmente. Así, podemos afirmar
que la expresión espontánea del cuerpo deviene en signo y se transforma
en comunicación voluntaria realizando un pasaje que va de la expresión
a la representación.

Para la antropóloga Margaret Mead la comunicación consciente despierta
cuando los gestos de la expresión espontánea se convierten en signos, es
decir, cuando transportan significaciones y sentidos definidos socialmente
en la conducta individual.

Desde el punto de vista *filogenético* es probable que el primer modo
de comunicación de la humanidad haya sido corporal. Una dirección del

movimiento, la mirada, el tono muscular, pudieron servir como soporte material de la emergencia de las primeras convenciones comunicativas. Es una hipótesis válida que el lenguaje oral no se pudo desconectar, en sus principios, de la gestualidad, de modo tal que los gestos también fueran circunstancias de la oralidad.

R. Barthes (1989) sugiere, asimismo, la posibilidad de que los primeros grafismos, como antecesores de la escritura, no se refirieran al aspecto fonético del lenguaje oral, sino que eran grafismos del lenguaje gestual.

El espacio corporal como espacio expresivo

Según Merleau Ponty, el espacio corporal no es algo neutro, sino que está cargado de valores o significaciones claras que deja translucir inmediatamente, o mejor dicho que "expresa". Para este filósofo francés el cuerpo es "eminentemente un espacio expresivo". Pero, como agrega M. Bernard:

> …en el orden humano, no es un espacio expresivo entre otros espacios; es el origen de todos los otros, es lo que proyecta al exterior las significaciones dándoles un lugar, lo cual hace que éstas cobren existencia como cosas que tenemos al alcance de nuestras manos y ante nuestros ojos. En este sentido, nuestro cuerpo es lo que forma y hace vivir un mundo, es nuestro medio general de tener un mundo. (1980:72)

El acto expresivo está dirigido siempre a la presencia de otrx, real o imaginario. Es un movimiento de la energía encarnada que visibiliza, que comporta, transporta o efectúa los contenidos de la dimensión interna de la vida del sujeto: sentimientos, pensamientos, ideas, conceptos, fantasías, deseos.

- Como acto *espontáneo*, es transparencia y encarnación a la vez de carácter inconsciente que da cuenta de aquello que no alcanza a ser dicho. La expresión espontánea "encarna y muestra" aquello que no se llega a estructurar y decir con "palabras".
- Como acto *regulado por convenciones* con intención comunicativa, intenta reunir el decir y el mostrar en un *demostrar* –a veces subrayando lo dicho, otras contradiciendo, introduciendo paradojas o confirmaciones–.

En este sentido el acto expresivo es modelado por la dimensión social y por ende, convencionalizado por la cultura dentro de la cual una determinada subjetividad se construye y despliega. Tal como afirma el sociólogo francés M. Bernard (1980:171) la cultura se adueña de la expresión de nuestros cuerpos para convertirla en su lenguaje.

Los gestos, desde esta perspectiva, son un fenómeno social, ya que comienzan como movimientos naturales y se desarrollan como gestos culturales. Los gestos individuales se subordinan a un conjunto convencionalizado, donde cosmovisiones, valores, prácticas de la cultura y sistemas de representaciones compartidos le otorgan un sentido social.

La *expresión corporal* espontánea es una forma de comunicación y es previa a la palabra. En términos individuales suele ser inconsciente y puede confirmar o contradecir la comunicación voluntaria. En términos culturales, la expresión corporal resulta de la articulación de lo individual y los códigos de comunicación establecidos socialmente, por lo tanto, puede desde esta perspectiva considerárselo como un fenómeno psicosocial.

Desde este enfoque, la expresión del cuerpo puede ser abordada por diferentes campos del conocimiento como la sociología, la antropología, la psicología, la comunicación y ser objeto de reflexión de distintas corrientes filosóficas. Puede ser también objeto de muchas prácticas y técnicas, tanto terapéuticas como educativas, o ser parte de la formación en las diversas Artes del Movimiento y Performances.

La Expresión Corporal como nombre de una práctica específica

La notable aparición de las mayúsculas iniciales en la escritura de una palabra da cuenta de que se está haciendo referencia a un nombre propio. Cuando nos referimos de este modo a la Expresión Corporal estamos nombrando una práctica específica de la que intentaré dar cuenta, tanto del origen del nombre mismo, como de las influencias en la conformación de su método, sus alcances y abordajes, y los marcos teóricos actualizados sobre los que se puede sustentar, desde su origen hasta el presente.

La Expresión Corporal, en su tronco original, es creada en la Argentina alrededor de 1950 por Patricia Stokoe. Nace como una forma de Danza influida por las nuevas corrientes surgidas a partir de la ruptura operada, en el campo específico de la Danza, por la Danza Moderna y, en términos generales, por una corriente renovadora del pensamiento intelectual y del Arte fuertemente animada desde finales del siglo XIX y resignificada y reimpulsada a mediados del XX.

Para encuadrar la Expresión Corporal dentro de la Danza, debemos referirnos a las rupturas producidas en este ámbito, y específicamente en la Danza occidental, que comienzan en los primeros treinta años del siglo XX. Con el advenimiento de la Danza Moderna se cristalizan en este ámbito del Arte, una serie de acontecimientos históricos y sociales productores de nuevas prácticas, nuevas ideas, nuevas estéticas y nuevas concepciones del mundo, lxs seres humanxs y el Arte. De muchas formas y por diversos caminos, la danza occidental moderna emprende una búsqueda centrada en la subjetividad, en la creatividad, la libertad expresiva y la espontaneidad.

Como parte del alejamiento de un ideal de belleza clásico y ligada a las nuevas concepciones del Arte, rompe con los códigos –estéticos y de movimiento– apuntando a la superación de dichas convenciones y apostando a la creación de nuevos modos de representar una nueva subjetividad.

R. Laban se refirió a esta dirección que toma la Danza en el occidente de un contexto industrial, como la búsqueda de una danza que exprese al ser humanx de su tiempo. En este período inicial de renovaciones, el pasaje de lo impersonal a lo personal, ligado al universo subjetivo y su posibilidad de expresión a través del Arte, produce un giro importante en los temas, las estéticas y las técnicas de la Danza.

Más allá que este ciclo por sí solo no haya alcanzado la total superación de los modelos anteriores, lo importante es el rescate del inicio de una ruptura que será resignificada por otras corrientes posteriores. En esta etapa, y sobre todo con Laban –de quien la Expresión Corporal recoge su influencia–, se trabajan los entrenamientos del movimiento apuntando a la superación de los códigos cerrados y creados a priori, de formas cerradas y fijas, basándose en una exploración del cuerpo y sus posibilidades de movimiento en su relación con el tiempo, el espacio, la fuerza de gravedad, la energía, abordadas en su cualidad de experiencia, es decir, implicando la sensibilidad. Es importante destacar el abordaje del movimiento a través de la búsqueda exploratoria, lo cual implica activamente a una subjetividad puesta en juego en la búsqueda y emergencia de su danza propia. Una danza que no codifica el movimiento en formas previas sino que lo abre sensible y lúdicamente, promoviendo la emergencia de múltiples modos de ser danza.

Laban observa en la práctica de su método que esta búsqueda comienza a revelar los beneficios que se "añadían" al trabajo con el cuerpo y el movimiento en el abordaje específico de la danza así encarada, y su influencia benéfica sobre los estados mentales y emocionales. Este será un lugar de articulación importante entre arte, educación y salud. Laban comienza a denominar a su trabajo "Danza Educativa Moderna" y la define como no solo destinada a "bailarinxs", resaltando su poder educativo y formador de la personalidad. Es decir, a mi entender, la danza se convierte en un camino de desarrollo personal.

Este es un antecedente posible en la Expresión Corporal con su principio de una "danza para todxs". Ante el objetivo de abordar un entrenamiento motor basado en la exploración sensible consciente del cuerpo en movimiento, sostenido en la percepción del tiempo, el espacio, las fuerzas gravitacionales, la circulación del flujo de la energía o la discriminación de grados de esfuerzos musculares, comienza a desarrollarse un interés necesario de ampliar la percepción del propio cuerpo en estas relaciones con sí mismx y con el medio.

Este interés estaba siendo abordado en otros ámbitos, y es aquí donde se articulan investigaciones, nuevos abordajes y técnicas que estaban surgiendo dedicadas a la ampliación de la conciencia del cuerpo. Los principios de la gimnasia "femenina" desarrollada en Alemania, las investigaciones sobre el tono muscular, o los trabajos destinados a la conciencia del cuerpo, incluso –más adelante– las técnicas orientales, forman parte de un bagaje de experiencias y conocimientos que despiertan el interés de bailarines y coreógrafos.

Occidente danza centrada en el espacio. Oriente en el tiempo. Con el tiempo otras técnicas no específicas de la danza se empiezan a aplicar y a articular como parte de un entrenamiento destinado a la necesaria ampliación y desarrollo de las percepciones corporales en su relación con el medio.

Historia local

En muchos casos las corrientes renovadoras de la Danza Moderna europea llegan a Argentina de la mano de jóvenes inmigrantes que huían del horror de la guerra sin hablar ni una palabra de castellano, pero ya imbuidxs de un idioma universal: el Arte. La formación en artes tenía buena difusión en algunos países europeos, como Alemania, que se vio truncada para muchxs que emigraron para salvar la vida. El hecho es que el arte Argentino recibe una influencia importante de los movimientos de otros países, en parte, con esta corriente migratoria. Para los años cincuenta, en el ámbito de la Danza en Buenos Aires, muchos estudios de Danza Clásica ya incluían clases de Danza Moderna de la mano de maestras como Renate Schotellius y Mary Winslow, entre otras. También se gestaban nuevos desarrollos con pioneras como María Fux y Ana Itelman.

Mientras algunxs llegaban a Sudamérica, otrxs curiosamente viajaban a Europa en tiempos difíciles. Patricia Stokoe, miembro de una familia inglesa que vivía en Argentina, decide viajar y profundizar sus estudios y experiencias artísticas en una de sus pasiones: la Danza. Según ella misma cuenta (1990), vive doce años en Inglaterra donde, entre otros estudios, contacta con la corriente de R. Laban en la escuela de Sigurd Leeder, discípulo de Laban y colaborador de Kurt Joos.

De regreso a la Argentina, y sumamente entusiasmada con la corriente de Laban, decide abrir cursos de "Danza Libre" o "Free Dance", tal como él llamaba a su danza. Invitada a dar estas clases en el Collegium Musicum y alertada por el maestro Gratzer del posible fracaso en la convocatoria para varones por usar el término "danza", le sugiere que "debe cambiar el nombre", y así Patricia Stokoe, tal como ella relata, decide llamar a su trabajo *Expresión Corporal*.

Tramas y confusiones

La confusión con otras prácticas parece un designio fundante de la Expresión Corporal. Patricia Stokoe comenta que por su inicio como práctica dentro de una institución dedicada a la música, mucha gente creía que la Expresión Corporal era una forma de las "nuevas pedagogías musicales". Así decidió explicitar su origen agregando al nombre la palabra "Danza". Tenemos entonces, ante nosotrxs el origen de la Expresión Corporal-Danza. Será un trabajo que le llevará a su creadora muchos años más de construcción y estructuración donde se sintetizarán, a través de su propia experiencia, los aportes de otras prácticas que ella transitó, como Feldenkrais y Eutonía entre otras.

De este modo surge en la Argentina la Expresión Corporal. Nace y se desarrolla como Danza. Pone de relieve el aporte de la actividad artística en la formación de la personalidad y su influencia sobre los desarrollos sociales, al llevar a la actividad artística al alcance de todxs. En lugar de transmitir códigos cerrados de movimiento basados en la forma, se enfoca en la búsqueda y la exploración, despertando y desarrollando talentos singulares.

En sus orígenes retoma los principios que con los que se inicia el primer período de la Danza Moderna, al centrarse en la búsqueda de una danza que exprese una nueva subjetividad. Danza centrada en una exploración abierta de la relación sujetx-mundo a través de su cuerpo, con un abordaje creativo y expresivo. A partir de este principio, la Expresión Corporal-Danza iniciará un recorrido particular e inédito, que lejos de reproducir otras formas de danza o técnicas conscientes de las que se nutrió en sus comienzos, funda una nueva práctica.

Así, podemos decir que se nutre de la influencia del trabajo de Laban, abordando la improvisación, la exploración del cuerpo en movimiento y al dirigirse no solo a "bailarines profesionales" sino a quien quiera encontrarse con su propia danza, desarrollando la poética inherente a su condición humana a través del cuerpo en movimiento, aplicable tanto a la esfera del arte como de la vida cotidiana.

Sin embargo, debemos subrayar, no reproduce la técnica Laban sino que crea un modo particular a partir, entre otras, de la influencia de sus fundamentos. En un cierto momento de su desarrollo, la Expresión Corporal se nutre, a través de la experiencia vivida por Patricia Stokoe, de principios trabajados en las técnicas conscientes o autoperceptivas como Feldenkrais y Eutonía. Y una vez más, no se limita a reproducirlas sino que se alimenta de ellas, resignificándolas de un modo particular y articulándolas a los principios de la creatividad y a la formación artística en danza, dando origen a la Sensopercepción, que constituirá la técnica de base de la Expresión Corporal.

Este tronco original ejercerá influencia en otras prácticas y otras construcciones posteriores con sus objetivos y alcances propios. Profesionales de diversas especificidades tomaron clases con Patricia Stokoe alimentando su propia creatividad y elaborando sus propias propuestas que devendrán en diversas formas de "trabajo corporal" que no necesariamente son formas de "Expresión Corporal". Muchas personas asisten a su estudio para tomar clases para sí mismos, con una intención clara de realizar una experiencia personal. Otros, se forman profesionalmente con ella, siguiendo un recorrido que capacita –en sus inicios– para ejercer la transferencia y enseñanza de la Expresión Corporal.

La formación profesional

Producto de un trabajo minucioso, y en el seno de una búsqueda compartida con un grupo de personas que practicaban con ella, Patricia Stokoe fue construyendo una metodología y una didáctica de la Expresión Corporal específica y particular. Los primeros profesionales formados en Expresión Corporal y capacitados para ejercer fueron formados en su estudio, obviamente, sin titulación oficial. En el año 1980 la Expresión Corporal entra como carrera oficial reconocida oficialmente en el Profesorado Nacional de Danzas María Ruanova, en ese momento bajo la regencia de Gladis Müller. Tiempo después comienzan a abrirse Profesorados con titulación oficial en Carreras de Expresión Corporal por distintos lugares del país, tanto estatales como privados.

Con la creación de la UNA (ex IUNA), los profesorados en distintas ramas del Arte han pasado de ser terciarios a universitarios. De este modo, la carrera de Expresión Corporal se dicta tanto como Licenciatura de Composición Coreográfica, mención Expresión Corporal, como en Profesorado. Y su titulación, reitero, es de grado universitario, dictándose dentro del Departamento de "Artes del Movimiento".

En cuanto a la formación de marcos teóricos que puedan sustentar las diversas formas de hacer Expresión Corporal, requiere de diálogos interdisciplinares; y nuestra metodología específica para la producción de conocimiento apunta a conceptualizar lo previamente encarnado, yendo de la praxis a la teoría en un entrelazamiento afinado, que implica y legitima a la subjetividad.

El recorrido ha sido amplio y diversificado. Ha sufrido lamentables tergiversaciones tanto como compromisos solventes y éticos, de los que han surgido diversos abordajes que se encuadran dentro de la Expresión Corporal y otros que no. En la actualidad existe una amplia oferta de clases donde la gente puede acercarse a tomarlas, tanto en centros culturales, clubes barriales, cursos de extensión universitaria como en cursos particulares o estudios privados. Profesionales de esta práctica permitieron que la Expresión Corporal creciera a partir de sus propios intereses y su propia resignificación. De este modo, existen abordajes de la Expresión Corporal destinados al trabajo con discapacidad, con tercera edad, con obesidad, con psicosis, con embarazadas, con niñxs y adultxs, en el agua, para la formación específica de artistas tanto como para el trabajo de Educación por el Arte.

Su crecimiento y seriedad resultan reconocidos cuando vemos que la Expresión Corporal se ha incluido como asignatura en los distintos niveles del Sistema Educativo. Desde el nivel inicial hasta el universitario, en algunas carreras, se dicta Expresión Corporal como asignatura.

Lamentablemente, tanto en el ámbito de las clases particulares como en el sistema educativo o instituciones de salud, las clases son dictadas muchas veces por personas que no se han formado en la especificidad. Simplemente a partir de algún interés, con algunos talleres tomados para sí mismos, o desde otra formación, se aventuran a dar clases bajo nombre de Expresión Corporal, cuando en verdad lo que hacen es otra actividad. Situaciones como estas han desdibujado bastante nuestra labor. Es lamentable; por eso valga este espacio con el que intento clarificar.

En el año 1996 Patricia Stokoe fallece dejándonos una hermosa herencia que se ha fructificado y multiplicado en la actividad dedicada de profesionales y en la vida de quienes practican para sí la Expresión Corporal.

Para cerrar este apartado, podemos sintetizar afirmando que la Expresión Corporal se distingue de otras prácticas creativas, expresivas o centradas en el cuerpo en el hecho de que queda definida como una actividad artística, específica dentro de la Danza. La Expresión Corporal se presenta como un *lenguaje poético artístico* que posee su propia autonomía. Del mismo modo, tiene su fundamentación científica y teórica; sus contenidos, recursos didácticos, metodología y objetivos propios y específicos, tanto para la creación artística como para la transmisión en los procesos de formación pedagógica.

Sobre la consideración de la persona como unidad bio-psico-sociocultural e histórica, la Expresión Corporal apunta a la construcción de un despliegue de la danza que, superando convenciones previas tanto del orden de la composición coreográfica como de la codificación del movimiento, exprese el mundo de cada persona, su manera única y particular de ser y estar en el mundo y de dar significación a su experiencia y a la realidad. En el marco de un desarrollo creativo, que valora tanto procesos como resultados, rescata lo lúdico y lo espontáneo así como también la adquisición de habilidades, despliegues de talentos propios y logros psicomotrices, la capacidad de improvisar como de componer obras o realizar performances, y presentarlas ante el público. Se puede presentar como arte de escenario, callejero o performático.

En su praxis, la Expresión Corporal pone de relieve la relación existente entre la construcción de la danza propia y la construcción de la subjetividad, donde cada quien reafirma su identidad al revelarse como autorx, e intérprete de su creación. Elevando el decir del cuerpo a la dimensión estética y significativa como manifestación total de la persona, la Expresión Corporal, en tanto manifestación artística, involucra la sensibilidad, el sentido estético, la creatividad y promueve el encuentro por medio del arte.

El trabajo puede profundizar en lo referido a la conciencia corporal, o bien a la indagación de la subjetividad a partir de un cuerpo entendido como registro de la historia del sujeto. Puede centrarse en investigar de distintos modos la relación con los objetos, con el sonido, con lxs otrxs, con el espacio y el tiempo, con la energía, la fuerza de gravedad. Puede articularse con la escritura, la pintura, la narración, lo dramático. Los contenidos de la Expresión Corporal pueden ser trabajados utilizando distintos abordajes. Pero uno de los aspectos distintivos de la Expresión Corporal que marca la diferencia con otras prácticas corporales con las que habitualmente se las confunde es que el trabajo debe confluir en los aprendizajes motores, posturales, gestuales, actitudinales y su pasaje a la dimensión estética, imprescindible para que se trate verdaderamente de Expresión Corporal, ya que el objetivo específico apunta a que todos estos aspectos se consoliden en una forma de Arte del Movimiento. Danza que puede llegar o no a montarse como espectáculo, pero que siempre debe consumarse como configuración artística y estética.

CAPÍTULO 2

Primeros aportes

Expresión Corporal

De los muchos trabajos publicados y palabras dichas por Patricia Stokoe, se desprende que la Expresión Corporal es una práctica que, teniendo como ejes a la educación, el arte y la salud, se encuadra dentro de la Danza. Danza, como descubrimiento de la poética inherente al ser humano. Búsqueda y exploración de nuevos e inagotables caminos que conduzcan al encuentro de un despliegue del movimiento que, alcanzando dimensión estética, nos habilite a la expresión artística de una dialéctica permanente sujeto-mundo.

Forma de Danza "al alcance de todxs" que, sin embargo, para confirmarse no requiere ineludiblemente alcanzar el rango de espectáculo, y que cuando se desea exponer ante la mirada de otrxs solo se necesita por parte de quien observa de una percepción abierta capaz de eludir códigos cerrados a priori que pretendan garantizar el entendimiento centrado en lo racional.

Las formas tradicionales de danza en occidente tienen como rasgo característico la codificación del movimiento junto con la sujeción a convenciones estéticas y coreográficas fijadas con anterioridad y ordenadas racionalmente. La formación de lxs bailarinxs remite al aprendizaje de técnicas y códigos de movimientos –específicos de cada corriente– prefijados y cerrados, con una metodología basada en la repetición y secuenciación, producto de la segmentación, matematización y racionalización del movimiento, y en la imitación de modelos previos.

La Expresión Corporal rompe con esta sujeción. Junto con otras formas de danza –como el Butoh o el Contact Improvisación– no responde a convenciones coreográficas previas ni a códigos de movimientos cerrados o fijados y construidos de antemano por otro que no sea quien baila.

Hablamos de un decir del cuerpo, de la imagen, de la actitud, del gesto
corporal, del tono muscular, de la acción de la poética. A través de movimiento, la energía, la postura, el gesto, la actitud, el desplazamiento, cada
cuerpo cristaliza en el tiempo y el espacio un gesto que da cuenta de su
mismidad. Por esto hablamos de una búsqueda del gesto y el movimiento
propio. Irreductible a repeticiones mecánicas o a imposiciones externas al
sujeto mismo.

Así, esta Danza convoca la capacidad de enfrentarse a la incertidumbre,
tanto cuando somos hacedorxs de la misma como cuando co-jugamos[5]
desde el lugar de observadores o espectadores. Este rasgo la coloca en plena
concordancia con los modos de pensar el arte como un *decir del ser*[6] que
elude el entendimiento y la razón instrumental, convocando otras zonas y
capacidades en una integración de sus aspectos racionales y emocionales,
fusión de caos y orden, búsqueda, encuentro y desciframiento inagotable
y muchas veces imposible.

Desde la práctica misma, la Expresión Corporal se presenta como una
búsqueda, proponiéndonos la aventura de internarnos en lo desconocido
de nosotrxs mismxs para conducir en un tránsito que va *de la experiencia
al conocimiento*. Su técnica de base, la Sensopercepción, queda propuesta
como un camino que nunca se agota y nos permite habitar nuestro cuerpo
ubicándonos en el presente; es decir en el "aquí y ahora".

El cuerpo, a diferencia del organismo que nos liga al universal de la
especie, se convierte en territorio de encarnación del sujeto. Lugar de la
existencia donde *somos*, tanto en lo que nos es posible conocer como en
lo que permanece inasible a la conciencia. Ligado a la historia del sujeto,
el cuerpo es encarnación tanto del sujeto de la conciencia como del sujeto
del inconsciente[7]. Lugar de registro de una historia que se constituye en

---

5   En *La actualidad de lo bello* (1991), H. Gadamer se refiere al lugar de lx observa-
    dorx o espectadorx como co-jugadorx en su concepción del Arte relacionado con
    el juego y la fiesta.

6   Hablar no es lo mismo que decir. Se puede hablar mucho sin decir nada. Heidegger
    desde su hermenéutica –línea filosófica que se ocupa de la interpretación– marcaba
    esta diferencia entre el decir y el hablar. Para este filósofo, en su momento discí-
    pulo de Husserl, la auténtica palabra es la palabra poética. El poeta dice desde el
    ser, y comprender implica escuchar el ser. El lenguaje de la comunicación coti-
    diana es un lenguaje "instrumental" pero hay un nivel superior: la palabra poética,
    el arte, entendido como decir el ser. Para Heidegger el ser humano es ser en el
    mundo; consideración que será retomada en el transcurso de este trabajo, sobre
    todo con la Fenomenología de Merleau Ponty.

7   El inconsciente arcaico contiene el registro de nuestras experiencias anteriores
    al acontecer del pensamiento, la conciencia y el lenguaje. Este espacio psíquico

memoria o bien en resto –huella a la que la conciencia no accede y que solo se expresa mediante lo simbólico–. De tal modo que pretender conocer el cuerpo debe incluir la tolerancia de su imposible.

Sin embargo, la Sensopercepción, orientada a la conciencia, al "darse cuenta", proponiendo un camino de registro de sí mismxs y del mundo por la vía perceptiva y sensorio-motriz, no unifica las experiencias en un universal orgánico. Muy por el contrario, rescata la existencia de un sujeto de la percepción; sujeto histórico significadx por el lenguaje, ligadx a las representaciones sociales; capaz de significar su experiencia y comunicarla.

Danza para todas, todes, todos[8]

La Expresión Corporal toma con gusto todo el espectro de la existencia humana que el modelo hegemónico deja fuera, y lo convoca a danzar. La consigna es como una invitación, paso a paso, por lugares del cuerpo, por sensaciones y despliegues de imágenes, que cada uno comenzará a recorrer desde su propia corporeidad, tanto en lo que ésta tiene de dimensión biológica, como de simbólica e imaginaria.

Cuando alguien ve una improvisación de Expresión Corporal, centrada en lo introspectivo, algunas veces parece avergonzarse y no poder mirar abiertamente lo que la vida ha puesto delante de sus ojos. Presenciar un acto tan íntimo como danzar desde *lo más profundo* y en *intensa conexión con lo que nos rodea* resulta para algunos casi obsceno. Un despliegue sensual se observa en todos los cuerpos, y eso no es fácil de presenciar. Ni de ver, ni de tolerar. Si la respiración llegara a acomodarse a lo que ve… Pareciera ser que no todo el mundo puede de primera, entregarse a *escuchar*, y acompañar las rutas por las que el *artista del cuerpo* nos propone una experiencia de claridad y de oscuridad a la vez. Experiencia necesariamente "cegadora" en primera instancia, para poder luego abrirnos la mirada.

Modelos hegemónicos y contra hegemónicos

El modelo hegemónico de la danza, dentro del marco de las artes del espectáculo de occidente, se presenta fuertemente ligado a los valores que

---

aloja además, según Freud, contenidos expulsados de la conciencia mediante el mecanismo de represión. Las representaciones inconscientes no pueden devenir nunca conscientes; solo lo harán a través de una idea que las representa. Por eso decimos que el inconsciente solo se expresa a través de lo simbólico.

8   En base al trabajo publicado en *Revista Kiné* n° 153, edición digital.

la modernidad capitalista consolida y cristaliza a través de un modelo particular: éxito, eficacia, fuerza, destreza; con un modelo corporal acorde: eternamente joven, ágil, fuerte, diestro, resistente, sin arrugas… liso, impecablemente liso… Dejando fuera "lo otro" *en* "el otro": lxs deformes, lxs locxs, lxs que tienen funcionalidades diversas, antes llamadas "discapacidades", lx débil, lx viejx… Que implica descartar el encuentro con lo que la vida nos propone en términos de: lo deforme, lo loco, lo discapacitado, lo débil, lo pesado, lo oscuro, lo desconocido, lo diferente… lo próximo a la muerte, tan próximo que nos espeja desde el futuro.

Esto dará como resultado la posibilidad de desplegar una *danza propia* de cada sujeto, donde la diversidad se pone de manifiesto en cada hallazgo particular, lo que implica que, ante lo que en apariencia es una "misma consigna" para todxs, los recorridos y los resultantes son singulares y diversos. Quien tenga piernas muy fuertes encontrará y desplegará una danza que *ponga en escena* esa fortaleza, revelándose y poniéndose de manifiesto ante nuestra presencia. Si, en cambio, otra persona es muy flexible, expresará, pondrá de manifiesto, esta dimensión de la existencia, a través del interjuego de tensiones que le es propio. Asimismo, la danza de una persona de ochenta años también nos convocará a un encuentro con esa dimensión de la existencia. Todos los cuerpos, *habilitados* y *habitados* se convierten en *espacio de manifestación*. Es decir, muestran su arte.

Me deleita ver los cuerpos ancianos en "estado de arte".[9] Las imágenes de Kazuo Ohno, por ejemplo, me llevan a otros lugares a través de su paso, su gesto, su tono, su silencio, su quietud, su movimiento, su conexión. Tan particular y a la vez tan universal. Y de un modo al que no tiene acceso un cuerpo joven de veinte años que, por lo tanto, tampoco puede guiarnos o provocarnos desde ese lugar, que aún no le es propio.

También me maravilla cuando veo desplegarse en danza los cuerpos de lxs estudiantes de veintitrés o veinticuatro años en *estado sensible*, transpirando sensibilidad, captando la diversidad de formas en que cada unx puede jugar su juego y dar a luz.

La Expresión Corporal, desde mi perspectiva, trabaja en una orientación que apunta a *habilitar* los cuerpos. Partiendo de la conciencia, el recorrido nunca se completa si no se habilita el acceso a lo que está más allá de lo que puede ser consciente y dirigido por la razón, en procesos de intelección. El despliegue poético del que hablo implica un habilitar al cuerpo para que despliegue los contenidos conscientes e inconscientes que aloja y lo construyen. De lo inmemorial a lo que deja huella, de lo que no se puede

---

9   "Cuerpo en estado de Arte"…tomado de la inspiración de Susi Kesselman.

medir –y sólo ocupa un lugar gracias a la tierra que le ofrece el cuerpo para hacerse figura– a lo que nunca se podrá nombrar. El cuerpo se hace *recipiente, fuente* y *lugar*.

Nuevos contextos, nuevas subjetividades

Al pensar en una Danza que exprese la complejidad de las nuevas subjetividades, la Expresión Corporal presenta un espacio particular para iniciar la búsqueda, con un ánimo valiente que anime a perder el rumbo soltando lo viejo para dar lugar a lo nuevo. La Expresión Corporal tiene en su especificidad la posibilidad y el objetivo de sostener esta experiencia.

Para una actualización de la Expresión Corporal destinada a las nuevas subjetividades que emergen de los nuevos contextos de existencia, es necesario considerar a estos últimos con sus variables tecnológicas, científicas, filosóficas, culturales, económicas, políticas, de las que emergen nuevos valores, nuevas aspiraciones y nuevas prácticas. Esta afirmación aplicable a todas las áreas que implica la actividad humana es, obviamente, aplicable a la esfera del arte y nos empuja a interrogar nuestra propia práctica.

¿De qué manera influyen los nuevos contextos en la producción artística? ¿De qué modo en la construcción del espectador? ¿Cómo se influyen recíprocamente ambos aspectos? ¿Qué cambios se han producido en la concepción del cuerpo, en las prácticas-técnicas de entrenamiento, en las prácticas sociales? ¿Y de qué manera éstas inciden sobre él? ¿Qué cambios han producido en la percepción, en los cuerpos de lxs actorxs, bailarínxs, músicxs, escritorxs o escultorxs? ¿Cómo se plantean las nuevas relaciones entre cuerpos, artistas, espectadorxs y obras o producciones?

La Expresión Corporal, en tanto espacio abierto, en permanente construcción y resignificación, puede asumir el desafío de pensarse a sí misma, en cuanto a los abordajes que le son específicos, su estética, sus consideraciones acerca del ser humano y de su producción artística, en íntima relación con los contextos actuales, entendidos como condiciones de existencia; tierra de la experiencia donde el sujeto se construye.

Una antigua relación: música-movimiento

La danza siempre ha encontrado sostén en una relación fundante con la música. Allí tiene una posibilidad de despliegue, pero a la vez su propia posibilidad de anulación, en tanto se presente como *reiteración* de lo ya dado por la música.

Sostengo con firmeza que la Expresión Corporal en tanto danza no puede limitarse a ser una mera corporización de elementos de la música, a través del movimiento en el tiempo y el espacio, con gestos virtuosos y destrezas, presentándose como un texto sobrescrito y reiterativo de un texto previo. La aspiración de hallar una danza que implique al ser íntegro, no puede contentarse sólo con ser una reiteración lineal ya sea de la música o de un relato preexistente. Sugiero intencionar el trabajo buscando una danza que "suceda", que "esté ahí" mientras la estamos presenciando.

La Expresión Corporal, con su abordaje particular, apunta a hacer pasar la música, las imágenes, las sensaciones, los textos... por el espesor del cuerpo, por las partes, por el todo, combinando –por el movimiento del azar– energías, desplazamientos, flujos, sentidos y sin sentidos, inspiraciones y exhalaciones, silencios... resultando así una danza que implica al ser íntegro en su aquí y ahora, y no solamente una danza que surja del intelecto humano.

La infinitud de lo efímero

En Expresión Corporal trabajamos con lo efímero. El despliegue poético se genera entre el vacío y el puro acontecimiento. La improvisación como método de trabajo de búsqueda, exploración y hallazgo, guiada por un sentido lúdico y creador, centrado en el *momento,* con sus componentes intrínsecos, la *espontaneidad* y la actitud lúdica, es un eje central de la Expresión Corporal que se sostiene desde los comienzos del aprendizaje hasta la culminación en su etapa de producción artística destinada a presentarse ante un público.

De allí surgen los gestos, el movimiento, la dramática, el despliegue poético encarnado y encarnando pluriforme en cada *instante*, para volver a desaparecer en el vacío de donde surgió, dejando como testimonio o memoria, una estela que se multiplica en el cuerpo del espectador que pone en juego su propia apertura sensible. Ya sea como intérpretes o como espectadores, la *espontaneidad* nos sitúa en ojo del acontecer.

Desbordando el entendimiento

¿Qué expresa el artista? ¿Quién se animaría a firmar que ha capturado con su mirada un sentido que se arrogue *único* cuando el artista despliega su danza? ¿Quién podría reducir el gesto, la mirada, la actitud, el movimiento, en un *significante unívoco* que garantice el entendimiento, o en un acto analítico e instrumental que entiende el todo como la suma de las partes?

La danza en Expresión Corporal emerge desbordando lo inteligible, desafiando el entendimiento lineal. La *expresión*, no se agota en la transcripción de un mundo interno, personal del artista. No se limita a exponer un símbolo elaborado desde la conciencia en acuerdo con el intelecto, con lo inteligible que nos orienta en la vida cotidiana. Muy por el contrario, rompe los códigos habituales, desafía la emergencia de lo nuevo. El sujeto creador, se presenta como fundador de un nuevo orden, de nuevas articulaciones, de nuevas estructuras, nuevos sentidos y, en esta práctica subjetivante, emerge convertido en *autorx* de su propia danza.

Para esto, desde la Expresión Corporal proponemos espacios de experiencias diversas que apuntan en primera instancia a un *habitar* el cuerpo y desde él buscar *nuevas formas* de *habitar* el mundo. Se desarrolla así, con el tiempo, una *presencia* que aunque parta de procesos corticales –a través de *técnicas conscientes*– sobrepasa ampliamente la dimensión de la conciencia, el control y el dominio.

La idea de *presencia* que propongo, supera la noción de conciencia corporal. Incluso, el estado de presencia mencionado, muchas veces resulta luego de *soltar* la conciencia, configurada a través de la internalización de normas y valores sociales articulados a la experiencia individual que promueven la fijación de *esquemas,* tanto de pensamiento como perceptivos, motrices y afectivos, integrados en patrones bastante rígidos. La experiencia artística, nos ofrece, tanto a artistas como a espectadores, la oportunidad de *religarnos* con el mundo, promoviendo una *presencia* diferente.

Sensopercepción

Definida desde un enfoque neurofisiológico, la sensopercepción es "el registro consciente de la realidad tal cual se presenta ante los sentidos en el interior del psiquismo".

Sin perder este sentido, como técnica de base de la Expresión Corporal, queda encuadrada como una experiencia orientada en un sentido progresivo, en tanto es propuesta como un aprendizaje centrado en la experiencia del cuerpo. Así se constituye en un camino sobre el que se sustenta una apropiación de propio cuerpo expresivo, como la base de aprendizajes motores, posturales, gestuales, actitudinales, tensionales, necesarios para la construcción de la Expresión Corporal como Arte del Cuerpo y del Movimiento.

En tanto proceso de aprendizaje, la práctica prevé fases: despertar, exploración y búsqueda, reiteración, decantación y apropiación, que en un sentido progresivo, sostiene como eje la noción de cuerpo ligada al sentimiento de mismidad. Sus objetos variarán, desde la estructura osteo-muscular, el registro de piel, órganos internos, localización y apropiación del espacio tridimensional del cuerpo, aspectos motrices y tónicos, grados de esfuerzos musculares con variación en tiempo y espacio, relaciones sensibles conscientes con la fuerza de gravedad, entre otros, reunidas en la percepción del propio cuerpo y la construcción de su imagen, siempre en interacción con el mundo. Este es un tránsito por los misteriosos vericuetos del organismo vivo, devenido en cuerpo como construcción sociocultural, histórica, vincular, política y poética. Cuerpo, sostenido en el vínculo, en la relación sujeto-mundo, como base fundante de su existencia, ya que un cuerpo aislado no sería más que un organismo que no podría sobrevivir.

De esta manera, un cuerpo *en situación*, así conocido y explorado, se presenta variable, móvil, vivo. Sostenido en una permanente relación dia-léctica con su entorno, ambos se modifican en cada encuentro, el sujeto y el mundo se recrean en un movimiento vital. Un conocimiento fundado en estas experiencias permitirá hallar otro modo de *ser y estar en el mundo* que no solo es deseable para la presencia en la Danza. O tal vez sí para una Danza que se hace forma de vida, modo de existir.

Considero que este objetivo se hace extensivo a las diferentes exploracio-nes artísticas, así como también a las prácticas pedagógicas, terapéuticas, caminos de crecimiento y evolución personal, y sobre todo brinda un aporte interesante a la búsqueda de toda persona que intenta conocerse, apropiarse de sí, explorarse y reubicarse en la movilidad de ser y estar viva, presente en el aquí y ahora. La Sensopercepción no solo abarca la conciencia ana-tómica y motriz, sino que es el camino del despliegue poético del cuerpo en producción creativa y artística. M. Bernard nos dice que el imaginario está en la sensación, y es el motor de la Danza.

La Sensopercepción como práctica poética de la presencia

La Expresión Corporal es una práctica dentro de la Danza que promueve una cierta actitud al danzar y un modo diferente de tratar y trabajar al cuerpo. Es una manera también de transformarnos, volviéndonos seres más sensoriales en un mundo donde aún reina el logos racional. Es una Danza centrada en las percepciones corporales, en experiencias sensoriales, en la presencia y en la improvisación como método, tanto para los entrenamientos motores como expresivos y creativos.

La Sensopercepción tiene, por supuesto, un fundamento neurofisiológico y apunta a la salud. Pero, desde mi enfoque, afirmo que este abordaje planteado de manera única no es suficiente. El contexto actual nos exige pensar interdisciplinariamente, un cuerpo que supera su dimensión biológica. La Sensopercepción no se limita a una Conciencia Corporal solo de la dimensión orgánica, es decir concientizando la "anatomía". Desde mi perspectiva, es necesario considerar la concepción de "cuerpo" de manera diferenciada de la de organismo.

El organismo, es lo "dado" por la naturaleza, habla de la especie, es neutro y universal y condensa en sí la memoria filogenética de la especie que se transmite de generación a generación, por herencia genética, es decir por la vía orgánica. El cuerpo en cambio, no es lo dado. Es una construcción dinámica. Construcción sociocultural, histórica, política, afectiva, vincular. El cuerpo se construye en la experiencia y conforme a las condiciones de existencia, material, emocional y simbólica. El cuerpo habla del sujeto y se construye al mismo tiempo que él. Es el espacio escénico donde se juega una dramática inconsciente del sujeto deseante. Es lugar de encuentro y territorio del ser. Es *en* el cuerpo donde se produce la danza. Solo el cuerpo puede desplegar poética; porque el cuerpo es poético. El organismo no lo es.

De esta manera, pensar el Espacio Corporal como contenido de la Expresión Corporal, y a la hora de hablar de la Conciencia Corporal, como otro de sus contenidos, es necesario que la anatomía y el fundamento biológico pierdan exclusividad. Considerar, en cambio, al Espacio Corporal como "Espesor Corporal", como espacio que ocupo en el mundo, y a la Conciencia Corporal, como un modo de *habitar* ese Espacio Corporal con *presencia* en el presente, lleva por otros rumbos... abriendo universos singulares de experiencia y sentido, universos sensoriales y poéticos, desplegando danzas singulares centradas en la exploración del cuerpo y no solo de la concientización de su anatomía.

No se trata solo de la conciencia anatómica sino de un habitar el espesor corporal con presencia en el presente. Se trata de demorarse en la *experiencia de ser*. Un camino trabaja con el organismo, pero como único abordaje se demuestra insuficiente cuando hablamos de desplegar poética en la Danza o Artes del Movimiento o en las Performances; la otra mirada aborda el cuerpo y su dimensión poética.

Es desde esta mirada desde donde trabajo la Expresión Corporal, y más específicamente, la Sensopercepción, buscando producir desde las percepciones corporales y la conciencia corporal de un sujeto situado en el mundo el "despliegue poético del cuerpo" en procesos de creación espontánea, eludiendo el control consciente como orden de la racionalidad, planificada de ante mano.

Se trataría, entonces de experimentar el cuerpo, con todo lo que este concepto nos trae en el contexto actual, tanto desde el punto de vista socioantropológico, como filosófico, en las artes, las ciencias. No es lo mismo "experimentar el cuerpo" en el mundo que "concientizar la anatomía". En un caso, como ya dije, solo se aborda el organismo, en el otro, el cuerpo. Y solo el cuerpo despliega poética en el movimiento, el gesto, la postura, la actitud, el movimiento, manifestándose como un flujo de tensiones y energías que suceden dentro del espesor corporal, deviniendo en configuraciones azarosas, espontáneas y provisorias.

Dada la complejidad de la corporeidad y dado que no hablamos solo de organismos sino de cuerpos –lo cual implica considerar los atravesamientos socioculturales, simbólicos, políticos, ligados siempre a experiencias emocionales–, el enfoque neurofisiológico como única fundamentación de nuestro trabajo no alcanza. Y dado que hablamos de Danza y de Arte, tampoco alcanza.

El modelo neurofisiológico indaga el cuerpo como "res extensa" y, conforme a sus métodos, utiliza un modelo físico-químico y matemático que se encuentra imposibilitado para hablar del despliegue poético del cuerpo, de una emoción encarnada en un gesto o el despliegue de imágenes en el movimiento, una postura, un gesto, una actitud, de un modo de ser y estar en el mundo.

Yo abordo la Sensopercepción incluyendo el despliegue poético y creativo para la Danza, u otras Artes del Movimiento. Utilizando un marco multireferencial, poniendo en juego enfoques filosófico, sociocultural, psicológico, biológico, histórico, político y estético. Apelando a una construcción de conocimiento interdisciplinaria que nos permita entrar en diálogo académico en la escena contemporánea, tanto en el campo del Arte, como de otros campos que a partir de hace unos años apuntan su interés por el cuerpo y las artes que lo implica; buscando fundamentos actualizados desde los que pensar la práctica y que le permita superar los enfoques exclusivamente biologistas-mecanicistas para pensar el cuerpo y los entrenamientos para la Danza, y para abrir el abanico de objetivos que ya no piensen solo en la salud (*movimiento saludable, postura saludable*).

Así, abordo el despliegue creativo y poético para la Danza e incluyo el trabajo expresivo que implica la asociación, no siempre consciente, de lo emocional ligado al despliegue de imágenes poéticas que encarnan en el cuerpo como espacio escénico, con la Imagen Corporal y el movimiento, en una corporeidad presente, situada en el aquí y ahora. Entiendo a la Sensopercepción como un camino que produce cuerpos heterogéneos para la Danza, la Performance y la vida. Y en esto se define la especificidad de la Expresión Corporal: mientras los demás modelos hegemónicos de la Danza homogeneízan los cuerpos, la Expresión Corporal produce heterogeneidad, diversidad; despliega singularidad. No es que "aceptamos" la diversidad. La convocamos, la provocamos, la celebramos.

La Sensopercepción trabaja sobre la percepción del cuerpo de un ser situado en el mundo. Un sujeto ligado a su contexto de manera fundante y dinámica. Trabajar sobre la percepción no es ingenuo, es político.

La percepción permite una imagen sensorial de los objetos y fenómenos de la realidad. De sí mismx, de le otrx, del mundo… La sensación es sólo su faz neurofisiológica, bioquímica, pero lo característico de la percepción es la interpretación de estímulos y construcción de significados, y esto sucede en un contexto sociocultural, histórico, vincular, y no lo hace por la vía biológica ni halla en ella su justificación.

En la vida cotidiana, y por hábitos colectivos, se internalizan esquemas de percepción, pensamiento, emoción y acción. Nuestros esquemas de percepción determinan las formas de interpretarnos a nosotrxs mismxs y al mundo. Los esquemas de percepción cotidiana responden a una política y a un régimen de lo sensible creando categorías de percepción y apreciación legítimas a través de las cuales se construye una visión del mundo y una interpretación de sí mismx y de la realidad.

La experiencia que propone la Sensopercepción desafía nuestros habituales esquemas de percepción, pensamiento, emoción y acción, movilizando nuestros ejes de referencias y exigiendo que nuestra sensibilidad se reacomode, abriendo nuevos caminos, gestando nuevos modos… inéditos y singulares.

De modo tal que considero que la Sensopercepción no remite sólo a la conciencia del organismo sino a la experiencia de *ser cuerpo en el mundo*. Se trata de la percepción de un cuerpo como construcción sociocultural, histórica y vincular. Un cuerpo como registro de la historia del sujeto. Un cuerpo que debe trabajar sobre sus prohibiciones encarnadas, sus estereotipos, sus bloqueos para poder entrar a otro ámbito, otra dimensión de la corporeidad en la que propongo *danzar en el cuerpo* y no *con* él, habitando el cuerpo en el aquí y ahora de la búsqueda errática de lo que quiere emerger, poéticamente, como un modo de danzar, de existir y de crear nuevos mundos. Tomando el camino de la conciencia para llegar al estado de presencia experimentando otros modos de ser y existir.

La *presencia* entendida como un *estado*, como una *experiencia* y como tal, corporal. No como una conciencia ligada al lenguaje, al pensamiento y a los conceptos, sino como una aventura preobjetiva, anterior a la palabra, y por lo tanto experiencia muda, como diría Merleau Ponty.

Sensopercepción en la formación profesional universitaria

En el contexto de la formación universitaria en Artes, la Expresión Corporal requiere una sistematización que reúna marcos teóricos, técnicos, experiencias y reflexiones que jerarquicen la formación académica y la tarea dentro del complejo contexto actual; intentando construir una trama de experiencia y significación que dé sentido de integración al proceso de formación profesional dentro de la carrera que les estudiantes realizan.

Dada la complejidad de la corporeidad y sus atravesamientos socioculturales, simbólicos, emocionales, políticos, y dado que no hablamos solo de organismos sino de cuerpos, la Sensopercepción requiere de marcos multirreferenciales que la fundamenten y sostengan su praxis encuadrada dentro del Arte.

Así, la Sensopercepción, en la presente propuesta, es entendida desde diversas perspectivas y sostenida desde diversos enfoques, ya mencionados: biológico, psicológico, sociocultural, histórico, estético. Poético y político. Sobre la consideración de la persona como una unidad bio-psico-sococultural e histórica, y del cuerpo como una *construcción* producto del cruce de una realidad biológica con un doble imaginario: individual y social, la Sensopercepción apunta a la construcción de una corporeidad basada en la experiencia fenomenológica del ser en el mundo implicando la subjetividad y la afectividad que les es propia.

La percepción, del propio cuerpo o del entorno, no se limita a la captación consciente de estímulos. Más relevante es considerar de manera integrada los aspectos fisiológicos de la percepción como los procesos de construcción e interpretación de significados. Asimismo, la percepción del propio cuerpo nos plantea una complejidad tal que elude la captura a partir de un único enfoque.

Entiendo a la Sensopercepción como una práctica centrada en la experiencia de la presencia, conciencia corporal, la autopercepción en el aquí y ahora y el despliegue poético, cuyo objetivo es presentar en la danza una corporeidad que exprese el mundo de cada sujeto, su manera única y singular de ser y estar en el mundo y de dar significación al mundo, en el marco de un desarrollo creativo y estético que valora tanto procesos como resultados.

La Sensopercepción, es entendida en estas escrituras, como una técnica sensorial para la Danza y actualmente, las Performances, que propone un "habitar el cuerpo" en una experiencia fenomenológica de la corporeidad con el objeto de volvernos seres más sensoriales.

Los practicantes de Expresión Corporal, desde mi perspectiva y mi práctica pedagógica, realizan un tránsito basado en la experiencia del cuerpo desde un abordaje sensoperceptivo, poético, lúdico y estético donde se llega a la improvisación y creatividad desde las percepciones corporales –en la relación cuerpo-mundo– y su despliegue poético, que implica asociaciones entre percepciones, imágenes, emociones y gestos, posturas, actitudes y movimientos que despliegan danzas espontáneas que suceden *en* el cuerpo y no *con* él. Abordando la creatividad desde disparadores perceptivos corporales. Logrando una danza centrada en las percepciones corporales y del mundo, a partir de donde sucede el despliegue imaginario y poético e, incluso, el despliegue meramente kinestésico en danzas de creación espontánea; no codificadas, no controladas ni sometidas al orden racional.

Tal como lo afirma Patricia Stokoe, creadora de la Expresión Corporal: "El desarrollo sensoperceptivo es la unidad de la Expresión Corporal, de aquí parten los caminos del desarrollo de técnicas adecuadas para el despliegue del movimiento, la creatividad y la comunicación, los tres materiales que se encuentran en la Expresión Corporal".[10]

Concepto de ser humano

Toda práctica, toda técnica, puede ser entendida como una toma de postura frente al interrogante sobre qué es el ser humano y cuál es su lugar en el mundo. Es decir se sustenta en una reflexión filosófica, antropológica, ideológica y hasta metafísica, como afirma M. Bernard (1980).

Las prácticas sobre el cuerpo encarnan nociones de mundo y de verdad; se sostienen en valores y proclaman una ética y un sentido del ser. Podemos afirmar, como lo hace el antropólogo francés A. Le Bretón (1995), que las prácticas corporales son en sí mismas concepciones del mundo.

Por tal razón me parece necesario comenzar precisando sobre qué concepciones del ser humano aborda la Expresión Corporal, lo que nos permitirá, a su vez, delinear un referente ordenador de la praxis.

---

10 Citado por Deborah Kalmar en el libro *Qué es la Expresión Corporal* (2005).

Desde mi enfoque, parto de considerar que toda forma de vida se mantiene en una relación abierta con el medio en el cual se encuentra. Los organismos se hallan estables cuando alcanzan su equilibrio interno. Pero este no es permanente, sino que pasa por instancias de ruptura, ante lo cual un movimiento vital impulsa a este organismo a salir al exterior –medio– en busca de aquello que restaure el equilibrio interno. Conocemos esta dinámica como "equilibrio homeostático", y a las fases por la que todo organismo pasa como instancias de necesidad y satisfacción de la necesidad. Desde esta perspectiva, la necesidad se satisface de afuera. Necesitamos para sobrevivir esa relación con el medio vital y social.

A diferencia del ser humano, el animal se encuentra inmerso en la naturaleza. Su relación de supervivencia, ligada al medio en el cual se desarrolla y vive, se encuentra orientada por el *instinto*. Este puede ser entendido como una inscripción presente en su estructura orgánica que contiene los aprendizajes exitosos de la especie que resultaron en la super-vivencia y continuidad de la misma. Estos movimientos que resultaron eficaces y efectivos se transmiten de generación en generación por medio de la *herencia genética*.

El animal no puede evadirse de la impronta del instinto –que se caracteriza por ser rígido y poco variable–; las formas de resolución ante las *necesidades vitales* de su organismo tienen poca variación. Tampoco puede postergar la inmediatez de la búsqueda de restauración de equilibrio o satisfacción del instinto con su consecuente liberación de la tensión.

Si bien los animales tienen una forma de organización entre sus pares, muy similar en algunos casos a la organización social de los humanos, y poseen una vida emocional, sensible y sintiente, comportamientos de cuidado de crías y manada, conductas territoriales, rituales de seducción o de lucha, entre otras, estas también se desprenden de una determinación genética y las formas de organización no derivan de representaciones ni de valores éticos ni de normas convencionales como en el caso de lxs seres humanos.

Por ejemplo el macho alfa no es elegido por sus pares ni impuesto por voluntad propia sino que es determinado genéticamente. Así el animal se encuentra inmerso en un orden natural del cual no puede desligarse, sin embargo sus conductas pueden ser variadas contando con un espectro de posibilidades, limitadas por el mismo organismo.

El ser humano, en cambio, desde que podemos considerar que lo es en su evolución filogenética, se caracteriza por *transformar la naturaleza*. La humanización implica una acción planificada que va produciendo una transformación del mundo natural en *mundo humano*. Mundo de artefactos, representaciones, creencias, sistemas de valores, normas ordenadoras de la relación de cada ser humano con sí mismx, con lxs otrxs y con la naturaleza. Mundo significado por el lenguaje –que no es solo palabra–, marcado por la dimensión simbólica propia de lo humano.

Es así como el ser humano impone al mundo un orden específicamente humano: orden de la praxis, orden del lenguaje, orden simbólico; constituyéndose en productor de realidad. Desde esta plataforma el ser humano transforma el medio y al hacerlo se transforma a sí mismx en una relación dialéctica. Cada nuevo ser humano que nace no viene ya a un medio puramente natural. Llega a un mundo humano que será el *medio humanizante* del nuevo ser. Estos "mundos humanos" no son universales. Cada cultura realiza una construcción significante específica, que constituirá la base del medio humanizante para cada miembro del grupo[11]. Así, cada ser humano es en realidad un sujeto-sujetado a las representaciones y prácticas colectivas, particulares del grupo de pertenencia.

Desde esta perspectiva decimos que nacemos como un organismo que porta en sí la inscripción genética que nos liga a la especie. Pero sólo devenimos humanos gracias a la inmersión en un campo simbólico y de experiencia en él; medio humano convertido en humanizante para cada nuevo ser. El ser humano, entonces, *se construye en la experiencia*, la cual formará parte de su historia. El ser humano es, ser en el mundo; ser temporal.

---

11 Las distintas representaciones del ser humano y del mundo, elaboradas por diferentes culturas, responden a cosmovisiones sobre las cuales se ordenan las relaciones de los ser humanos entre sí y con el medio. A partir de allí derivan valores y prácticas específicas. De este modo podemos observar la diversidad humana en los modos de enfrentar la vida y la muerte, la sexualidad, el trabajo y el placer. Los modos de parir, de crianza, de alimentación, de tratar la enfermedad, entre otros, forman parte de los usos y costumbres que estructuran al sujeto y al cuerpo en relación a la configuración de las prácticas de la cultura.

"Según la manera en que una sociedad plantee el problema de la vida y de la muerte –afirma J. Maissoneuve en su libro *Psicología estética y modelos del cuerpo*–, del trabajo y de las fiestas, según la idea que ella se forje de la naturaleza del ser humano y su destino, según el valor que le asigne al placer y al saber el cuerpo será evaluado, tratado y representado diferentemente" (1984:13).

Podemos afirmar que el orden social estructura al cuerpo; lo significa, le otorga un lugar y le asigna un tratamiento. Tal como afirma el sociólogo francés Michel Bernard, las normas sociales estructuran nuestro cuerpo al imponer una determinada regulación sobre su crecimiento (con normas de peso, estatura), su conservación y cuidado (prácticas sanitarias, higiénicas y alimenticias), su presentación (pautas estéticas, vestimentas), su expresión afectiva (signos emocionales) y su sensibilidad (percepción).

Es decir, es un ser en situación, de condición histórica, que se configura a partir de las relaciones que establece con su medio.

La transmisión de estos universos representacionales[12] compartidos, de estos mundos humanos, se realiza por un orden diferente del biológico. Hablamos entonces de *herencia cultural* para referirnos a la transmisión de aquello que consideramos *medio humanizante*, y de *herencia biológica* para referirnos a la transmisión de la historia filogenética, que nos liga a la *especie.*

Otro rasgo propiamente humano es que de esa relación con el mundo y de su acción en él, obtiene *representación interna* –mental–. Gracias a la constitución específica de su aparato psíquico, la experiencia del ser humano en el mundo se constituye en escenario íntimo subjetivo. La formación de su conciencia así como de su inconsciente[13] deseante, estará siempre en relación directa a las condiciones concretas de existencia –material y emocional–, es decir ligada a su historia.

Podemos decir que *el pensamiento es acción interiorizada*, tal como afirmaba Piaget. La representación interna de la acción en el mundo constituirá la base del pensamiento y del lenguaje, lo cual le permitirá al ser humano pensarse a sí mismo, al entorno y a la realidad. Por esta capacidad inherente a su condición afirmamos que el ser humano es un *ser de acción y reflexión*, capaz de pensar acerca de lo que hace, de lo que siente y de lo que piensa; es decir, de ser objeto de su propio pensamiento.

La capacidad humana de obtener representación interna hará que la acción del ser humano, significada por el lenguaje, quede inscripta como *experiencia.* A partir de esta podrá orientar su hacer con una cierta intencionalidad y repetir las operaciones exitosas; ganando el sentido de anticipación y planificación y la posibilidad humana del *aprendizaje.*

El ser humano construido en la experiencia y con su posibilidad de aprendizaje; sostenido en la matriz simbólica propia de su cultura, se des-

---

12 Castoriadis define al Imaginario Social como un universo simbólico de representaciones sobre el que se construye una trama de significación compartida. Cada campo social o ámbito produce un determinado *universo representacional* o *imaginario social.*

13 Durante todo este trabajo la referencia a "inconsciente" no remite a una generalización de aquello de lo que no somos conscientes –*lo inconsciente*–; sino *al inconsciente*, como *espacio psíquico* según queda planteado por Freud en la primera tópica de su teoría del aparato psíquico. Según el Psicoanálisis el aparato psíquico está constituido por sistemas. Con la palabra "sistemas" se apunta a que son "lugares psíquicos" sin ninguna localización anatómica específica. Son por lo tanto espacios "virtuales". Estos sistemas son: el Consciente (Cc); Preconciente (Prc.) –generalmente considerado como subsistema del primero–, y el sistema Inconsciente (Inc.)

liga entonces de la determinación rígida del instinto. Freud se refiere, en este sentido, a que el humano es un *ser pulsional*. El objeto que restaura el equilibrio de su organismo no es único como en el caso del animal. Y la búsqueda de restauración de equilibrio tampoco tiene un camino único predeterminado, quedando así la búsqueda de satisfacción ligada su historia. La condición humana es la de un ser *pulsional atravesadx por la historia*.

El ser humano es también un *ser de lenguaje*. Su capacidad simbólica le permite sustituir el objeto por el símbolo de su presencia. Debemos recordar que el símbolo no es un equivalente total del objeto representado, no es una copia del objeto, sino algo creado de nuevo.

E. Díaz (1996) nos dice que un individuo social es una criatura humana que comparte un sistema simbólico con otrxs humanxs, y afirma que el sistema simbólico por excelencia es el lenguaje, formado por palabras significativas articuladas racionalmente. De esta manera, es característica humana elevar la existencia a la dimensión simbólica, significante y comunicativa. Mediante esta capacidad los seres humanos construimos universos simbólicos, de representaciones compartidas que forman parte de la matriz humana de construcción de subjetividad.

La convivencia dentro de un orden social nos liga de modo tal que permite comunicarnos e interactuar mediante símbolos, aceptando por convención la asignación de ciertos símbolos a la realidad, construyendo un mundo de significaciones compartidas. De ellas derivan los conceptos, donde la realidad queda sustituida por una fórmula abstracta, reemplazando así un mundo natural por un mundo humano. De este modo, la producción simbólica de la cultura, presente en el lenguaje, los mitos, las religiones, las artes, la filosofía, la ciencia, son estructuras simbólicas que lejos de imitar o reproducir la realidad se presentan como una construcción humana, objeto derivado de una cierta forma de aprehensión intelectual del mundo gracias a la actividad simbolizadora del lenguaje. Así lo plantea Enrique Anderson Imbert (1982) para concluir aseverando, desde su particular enfoque, que los únicos objetos que conocemos son los concebidos lingüísticamente.

Sin adoptar por entero la postura lingüística de Anderson Imbert podemos sin embargo acordar con él en un punto, allí donde afirma que el ser humano, tanto en el orden práctico como teórico, no vive en un mundo natural en forma inmediata como el resto de los seres vivientes, sino que accede a ellos por mediación de una red simbólica.

La capacidad humana de comunicarse se sostiene en la formación de símbolos constituyéndose en una comunicación interna y externa significativa que dan al ser humano identidad fundada en la relación con otrxs.

Es decir, un ser humano no se humaniza si no es en la relación con otrx que lo introduce en el mundo y que introduce mundo en él por mediación del vínculo y del lenguaje. El ser humano queda definido como un *ser en situación* y *un ser de relaciones,* fundantes de lo humano.

Para ampliar un poco más el concepto de lenguaje, me resulta útil tomar a E. Grüner, en su trabajo "Foucault, una política de la interpretación" (2019), cuando sostiene que "el lenguaje nunca dice lo que dice... y que hay muchas cosas que hablan sin ser estrictamente lenguaje".

La capacidad de interpretar y comprender que posee el sujeto congnocente hace que su posibilidad de dar sentido y hallarlo se extienda al mundo más allá de las palabras, superando la dupla lineal de significado significante del lenguaje oral o escrito. De este modo, los comportamientos, los gestos, la mirada, la postura, la actitud, la utilización del espacio y el tiempo, la energía, la imagen, se convierten en comunicación posible más allá del lenguaje verbal.

F. Doltó (1998) afirma que todo comportamiento humano es lenguaje y que la humanización se da a través del lenguaje, que no siempre es palabra. Cada sujeto construye sus propios esquemas de representación e interpretación –de sí mismx y del mundo– a partir de los esquemas de interpretación legitimados en su cultura. En una relación dialéctica, cada unx realiza una interiorización particular donde se articulan su biografía personal con representaciones compartidas. Los significados que cada unx construye pueden ser entendidos como apropiaciones singulares de dicha red de representaciones simbólicas compartidas. En este proceso no hay nada automático ni unívoco. Todo proceso de interiorización tiene un carácter activo, ambiguo y polisémico que nos permite hablar de *apropiación* de significados. Esto implica plantear este proceso como un juego de tensiones, continuidades y discontinuidades entre reproducción y creatividad, desde donde podemos pensar que los esquemas de significación culturales no son fijos sino dinámicos. Cada sujeto realiza su proceso de apropiación de significados al tiempo que realiza aportes que enriquecen la cultura.

De esta manera, nos encontramos ante una condición del ser humano que lo nombra como *ser bio-psico-sociocultural e histórico,* ser de lenguaje; sujeto-sujetadx a las representaciones compartidas que constituyen su escenario íntimo subjetivo construido en relación directa a las condiciones de existencia. Ser transformador del mundo, sujeto creador de realidad, producidx y productxr de una cultura que se presenta como matriz de construcción de lo propiamente humano.

Ser humano que hereda de la especie un *organismo*, que conserva en el registro genético la memoria de la evolución filogenética de la especie, que solo devendrá *cuerpo* en la relación significante, simbólica y afectiva que le ofrece un contexto sociocultural, histórico y emocional. Cuerpo que se funda, como dice D. Calmels (1997), *entre* cuerpos, y registra la historia del sujeto. De esta manera la noción de *sujeto* remite a una *construcción* que se da en un contexto social; es decir en situación de lazo y vínculo con otrxs.

Cuerpo y organismo

Para continuar con la propuesta de pensar la Sensopercepción como técnica de base de la Expresión Corporal, resulta importante introducir una diferenciación conceptual entre cuerpo y organismo. La misma apunta a promover una profundización de marcos teóricos que interroguen la práctica y le sirvan a su vez como referente ordenador.

Partimos de la premisa que afirma que ser humano no es lo dado. Se *construye* en la experiencia; por lo tanto es un *ser histórico*. Nace ligado a la primacía del orden biológico, con un organismo dotado de un programa que lo hace común a la especie, pero deviene humano en un contexto que brindará condiciones de existencia –material, simbólica y emocional– que serán variadas, según los momentos históricos, los contextos sociales, culturales, económicos y políticos.

En la misma dirección, podemos decir que el cuerpo tampoco es lo dado. Se presenta como una *construcción* elaborada por un sistema diferente del biológico.

La idea de pensar el pasaje que implica un cambio de orden, tanto de lo orgánico a lo corporal como del orden de la especie al de la comunidad humana, nos remite a la consideración del ser humano como ser parlante, social y relacional. La humanización se *realiza* en la relación fundante con otrx y en la inmersión en una red de significaciones compartidas que da estructura y sostén al grupo de pertenencia[14].

---

14 Muchxs investigadorxs contemporánexs consideran que la vida intrauterina, es decir todo lo referido al orden prenatal, participa de algún modo en la construcción del cuerpo y del orden humanizante. La madre mantiene un vínculo con su hijx, incluso lx nombra, se dirige a elle y le asigna un lugar en el mundo desde que está en su vientre, aun antes de haber nacido. Al mismo tiempo, en este vínculo, ya es portadora de un orden social que influye en los modos culturizados de vivirlo. Los estados que experimenta la madre se convierten en un fondo tónico común en el que tanto ella como la criatura que lleva en su vientre se encuentran inmersos.

Podemos entender al organismo como la estructura que mantiene la vida del ser. Como afirma S. Paín (1998), esta estructura funciona como un programa autorregulador inscripto, que condensa la memoria de la especie en su historia de adaptaciones exitosas a las exigencias del medio.

En tanto es común a la especie, el organismo se presenta como un modelo neutro y universal, más allá de la familia a la que pertenezcamos, la cultura, la clase social, o del lugar del planeta donde hayamos nacido y la época. Es decir, la visión Occidental de la Ciencia Moderna, nos presenta una carne neutra, sin historia, cargando con las huellas fundantes tal como la veía el anatomista del comienzo de las disecciones de Vesalio.

En occidente, el discurso médico será el que ocupe un lugar hegemónico y el que construya un saber oficial sobre el cuerpo. Este discurso, basado en el modelo de las ciencias exactas destinadas al mundo material de la res extensa, *construirá* un objeto[15] al que intentará dar inteligibilidad desde una postura racionalista. El organismo será seccionado, fragmentado, medido y presentado en sus componentes y funcionamiento como un universal invariable; es decir es el mismo para todos lxs miembrxs de la especie.

En los orígenes de la inteligibilidad moderna del cuerpo en Occidente, el anatomista abre al organismo para acceder a su interior y hacerlo visible, disecciona sus segmentos para comprender su funcionamiento y los recompone en una suma de partes, despojando al cuerpo de su historia, de sus enigmas y sus poéticas.

La perspectiva anátomo-fisiológica solo logra exponer la presencia de un organismo, en cuanto a dotación de la especie, pero oculta en cambio

---

15 Tomamos la idea de que son los discursos, las teorías y los métodos que se utilicen los que construyen el objeto de conocimiento y no al revés, como se pensaba desde la postura de la Ciencia Clásica. A partir del siglo XX se operan algunas rupturas epistemológicas que replantean el concepto clásico de ciencia y conocimiento científico. La crítica al modelo positivista ha sido sostenida por autores del Círculo de Viena y por pospositivistas como Poper y Khun, así como por la epistemología francesa con Gastón Bachelard.

Desde el mismo campo del pensamiento científico contemporáneo –como la física de la relatividad–, se pone de relieve la relación existente entre lx observadorx y lo observado, desmitificando una idea de observación pura y objetiva liberada de todo rastro de humanidad.

Thomas Khun, uno de los exponentes más conocidos, planteará en *La estructura de las revoluciones científicas* que la práctica cognoscitiva científica es una actividad cultural sujeta a la posibilidad de análisis socio-histórico.

la dimensión simbólica, relacional, deseante y sociocultural propiamente humana[16].

Al hablar del ser humano, este no puede quedar definido por su dimensión orgánica exclusivamente. Las variables de cada organismo en situación son muchas; sus comportamientos, experiencias y modos de significarlas exceden la pretendida "verdad revelada" por el discurso biologista y nos exigen la consideración de aquello que es propiamente humano para hablar del cuerpo.

La definición occidental y moderna del organismo nos lo presenta como un objeto "neutro" y universal. Pero este en verdad está investido de significado –por otros– desde el momento mismo de su concepción y su espera. Una relación afectiva se establece con esa vida que comienza, dentro de otro cuerpo, que luego de nacer será vehiculizada en el cuerpo a cuerpo del vínculo.[17]

Recordemos que la cría humana nace bastante inmadura con respecto a otras especies y que la relación con otrx es fundamental para su supervivencia. Esta relación no atiende solamente a sus necesidades orgánicas, sino que ellas son *vividas emocionalmente* tanto por el bebé como por su madre –o quien cumpla la función materna–, que es a su vez portadorx de un orden social y atiende las necesidades del bebé según los modos culturizados, donde afectividad y mundo comienzan a entrelazarse.

---

16 En *Estructura del comportamiento* (1976), el filósofo francés Merleau Ponty indica que la visión biologista del cuerpo se equivoca al plantearse como una verdad absoluta. Es solo una representación posible entre otras, y Ponty cuestiona el valor de verdad de dicha representación. "Las reacciones de un organismo –afirma– solo son comprensibles (...) si se las piensa, no como contracciones musculares que se desarrollan en un cuerpo, sino como actos que se dirigen a un cierto medio, presente o virtual. (...) Es decir que el 'organismo' es una expresión equívoca. El organismo entendido como un segmento de la materia, como una reunión de partes reales yuxtapuestas en el espacio y existentes unas fuera de las otras, como una suma de acciones físicas y químicas. (...) ¿Es este el organismo verdadero, la única representación objetiva del organismo?".

17 Desde el embarazo, la madre y el medio establecen un vínculo con ese ser que vendrá. Vínculo afectivo, de amor, desamor, indiferencia, atención, que irá signando un vínculo que, como estamos diciendo, se irá construyendo desde antes del nacimiento. Asimismo, el medio familiar, desde la trama de deseos y fantasías vigentes en las escenas familiares, asignará un lugar, un rol, casi podríamos decir que imagina un destino, para este futuro miembro del grupo familiar que se convierte desde antes de nacer en depositario de aspiraciones y fantasías ajenas. La misma orientación podríamos seguir pensando en el orden social, que desde lo económico, por ejemplo, posibilita o niega, dificulta u otorga, oportunidades para la construcción del sujeto que de todos modos devendrá en el seno de una relación dialéctica, activa por excelencia, entre él y el mundo.

Los estados de equilibrio o desequilibrio orgánicos emiten *señales* que son codificadas y decodificadas por el entorno social para darles significación y asistencia. La madre, entonces, "entiende con su cuerpo" lo que solo es llanto, gritos, reacciones hipertónicas, y como ser social, significa las señales del organismo, las *convierte en signos* –de hambre, dolor, necesidad de contacto– y de este modo el organismo *entra en código*.[18] De aquí en más el funcionamiento orgánico se constituirá en un lenguaje que representa al sujeto.

Los códigos, como ya dijimos, no son universales ni naturales. Son portadores de un orden social de significación y de representación compartidas y varían de una cultura a otra y de un ámbito social a otro, de un tiempo a otro. De este modo, cultura y vínculo personal establecen una trama que convierte las señales en signos, inscribiendo en el cuerpo una impronta significante. Por lo tanto el cuerpo se constituye como tal en la medida en que se incluye dentro de una red significante que estructura al sujeto en el seno de su grupo de pertenencia. Podemos definirlo como lugar de la existencia del ser y afirmar que es dentro de la encarnadura del cuerpo que la persona adquiere sentido de mismidad, en vínculos con otros.

La sola dotación biológica no es suficiente para constituir un cuerpo. Este se caracteriza por ser una materialidad simbólica, modelada por la cultura, su sistema de valores y creencias de donde se desprenden usos y costumbres.

Las prácticas de la cultura transforman la neutralidad de lo biológico en cuerpo vivido, el cual será la base material de los procesos psíquicos y las experiencias emocionales.

Solo la inmersión en un campo simbólico y vincular posibilita el despliegue que lo biológico contiene como disposición. La posesión de un aparato fonador no es suficiente para producir el habla y mucho menos el *decir*, propiamente humano. Tampoco es suficiente estar dotado con un programa biológico que permita la posición bípeda para caminar. Un sistema antigravitacional sano, una estructura osteomuscular apta, no alcanza. El ser humano necesita del *sostén* que brindan la mirada, el afecto y el cuerpo del otro, para caminar en esa posición tan característicamente de nuestra especie. Sostén del cuerpo que pone en juego una estructura emocional que *posibilita* en su despliegue funcional.

---

18 Como afirma Sara Paín (1998): "el cuerpo como el sujeto emergen a causa del lenguaje. En el discurso del otro primero y en el propio después; cobra existencia en la medida que hay un significante que lo representa".

Debemos considerar también que en el orden humano toda experiencia orgánica es vivida emocionalmente y deja huella en el psiquismo, ya sea alcanzando representación mental o bien formando parte de los contenidos del inconsciente. Desde el comienzo de la vida fuera del útero, con la aparición de la dupla orgánica necesidad-satisfacción, aparece la dupla de la experiencia emocional placer-displacer. Aquellas zonas del cuerpo implicadas en las primeras necesidades orgánicas vitales y a su vez por donde el organismo accede a la satisfacción, se convierten en *zonas productoras de placer*. Freud las denominó "zonas erógenas" y, en el camino de su desarrollo, estas se independizarán de su ligazón exclusiva al orden orgánico convirtiendo al cuerpo en *cuerpo productor de placer*. En tal sentido Sara Paín (1998) nos dice "el cuerpo es un significante que se instaura por la diferencia que el placer provoca en el sistema neutro del organismo".

La vida emocional que el ser humano comparte con otros mamíferos pertenece al orden de lo orgánico. La diferencia propiamente humana se produce cuando la emoción y la experiencia es significada por el lenguaje, adquiriendo de este modo valor y sentido dentro de un sistema simbólico compartido. Es en la trama vincular y social que las emociones –de orden primario y sustento orgánico– se convierten en "afectos" adquiriendo sentido humano y entramados a la construcción del cuerpo.

De este modo, el cuerpo se presenta como espacio donde se da la vida emocional y al mismo tiempo como lugar donde lo orgánico vivido *cobra existencia* en la medida que adquiere sentido y significación, para el sujeto y ante los otrxs.

A esta altura tal vez sea importante aclarar que no debemos confundir la noción de cuerpo que proponemos con una mera refracción o "pantalla" que refleja o reproduce la vida del sujeto, como si esta se hallara en otra parte.

S. Paín nos alerta respecto de apresuradas simplificaciones. "No se trata –afirma– de considerar al organismo como material y al cuerpo como fantasía. Más bien todo lo contrario, pues es el cuerpo el que gesticula y el que sonríe, el que puede ser alabado o violado. (...) El organismo se domestica, se acostumbra, se medica; el cuerpo ensaya, se equivoca, se corrige, aprende" (1998: 117).

Un cuerpo así concebido se nos presenta como una trama; lugar de articulación entre lo orgánico, lo psíquico, lo emocional y lo social, en un nivel de complejidad tal que no admite desciframientos unilaterales ni lineales. Pensar lo corporal desde esta plataforma nos exige el desafío de una búsqueda de interpretación abierta y transdisciplinaria, sabiéndola de antemano siempre provisoria e inacabada.

ORGANISMO	CUERPO
➤ Orden de la NECESIDAD.	➤ Orden del DESEO.
➤ Orden del INSTINTO.	➤ Orden de la PULSIÓN.
➤ ESTRUCTURA MATERIAL que conserva la estabilidad del ser vivo. Programa autorregulador inscripto.	➤ MATERIALIDAD SIMBÓLICA construido a través del lenguaje que lo significa, los marcos de interpretación y las prácticas de la cultura a través de las cuales se manifiesta valor y sentido conforme a una cosmovisión vigente y a la dimensión social que lo normatiza en sus relaciones con el mundo.
➤ FUNCIONA. Es la memoria del funcionamiento. Tiene que ver con los caracteres hereditarios inscriptos en la memoria genética.	➤ ES LA ELABORACIÓN SIGNIFICANTE DE ESE FUNCIONAMIENTO. La experiencia de ese organismo en el mundo adquiere significación y sentido.
➤ EMITE SEÑALES.	➤ CONVIERTE EN SIGNOS las señales del organismo.
➤ HABLA DE LA ESPECIE. Evolución filogenética. Deriva en el concepto de INDIVIDUO el cual remite al orden de la definición biológica: cada ser distinto, animal o vegetal que no puede descomponerse en otros más simples: el género, la especie, el individuo.	➤ HABLA DEL SUJETO, construido como tal en el seno de una matriz socio cultural, histórica y vincular. Tramas que ligan la historia personal a un contexto sociocultural e histórico. Pertenece al sujeto y se construye al mismo tiempo que él. La noción de SUJETO, habla de estructura psíquica y esta se construye en la experiencia y en el contexto de una determinada cultura con sus representaciones y prácticas específicas. Sujeto-sujetado a las representaciones y prácticas colectivas. Desde esta conciencia construida el sujeto es capaz de dar sentido a su experiencia. La experiencia implica al cuerpo.
➤ PRESENTA POCA VARIACIÓN. Dice Le Bretón que desde el Paleolítico, la criatura humana nace con el mismo organismo.	➤ ES DINÁMICA. Entrama las condiciones de existencia y contextos históricos, económicos, sociales, políticos, emocionales.
➤ HERENCIA BIOLÓGICA, memoria genética.	➤ HERENCIA CULTURAL, no biológica. Cosmovisiones, paradigmas, saberes, artefactos, representaciones, prácticas, instituciones y creencias que determinan la compleja trama de la vida de los individuos y grupos humanos. Contexto simbólico que rodea la vida, el crecimiento y desarrollo de los individuos y grupos humanos.

➤ MEMORIA GENÉTICA registra la historia de la especie, adaptación al medio y resoluciones favorables que quedan inscriptas.	➤ MEMORIA DEL CUERPO se funda en los vínculos y registra la historia del sujeto.
➤ Proceso de HOMINIZACIÓN.	➤ Procesos de HUMANIZACIÓN.
➤ ES LO DADO. Dimensión natural.	➤ SE CONSTRUYE. El ser humano es un ser de acción y reflexión que se funda en las relaciones que establece con el mundo. El cuerpo es el lugar a través del cual las relaciones sujeto-mundo cobran significado y valor de experiencia. Relaciones significantes dentro de una matriz sociocultural e histórica.
➤ SE GESTA "DENTRO" de otro cuerpo (la madre ya es un ser social y porta en sí los valores de la cultura en que está inmersa con los cuales investirá al ser que lleva dentro así como su experiencia de gestar).	➤ SE FUNDA "ENTRE" cuerpos[19].
➤ MATRIZ ORGÁNICA, orden biológico.	➤ MATRIZ SOCIOCULTURAL Y VINCULAR, orden simbólico.

El cuerpo como construcción sociocultural e histórica. Atravesamientos políticos[20]

En el contexto actual hay un interés renovado por el cuerpo, o la corporeidad, en diversos campos. En el socio-antropológico, en el filosófico, en el político, en las artes. La posmodernidad se caracteriza por una fuerte articulación entre el arte, la filosofía, las ciencias sociales y los activismos sociopolíticos. Las calles son tomadas por los cuerpos en las performances que irrumpen, rompiendo los modos habituales. En las marchas, los escraches, y todo intento de visibilización de los derechos por la igualdad de las minorías, étnicas, de género…

Los colectivos feministas nos muestran la desnudez comprometida en performances como las del Frente Artístico de Choque y Comunicación (FACC) en su performance de 2016 "Femicidio es genocidio", o colectivos que luchan contra la trata, o luchas por una infancia trans… ponen el cuerpo en su presencia desafiante y en su modo de decir empoderado.

---

19 D. Calmels, en *Cuerpo y saber*, dice: "El cuerpo nace entre cuerpos, siempre más de uno. El organismo nace de las entrañas de otro organismo y en muchos casos, a pesar del cuerpo" (1997:35).

20 En base al trabajo publicado en la *Revista Topía* nº 84, noviembre, 2018.

Los cuerpos en estado de arte[21] y lucha toman la calle irrumpiendo en una cotidianeidad dormida, automatizada, irreflexiva; con una sensibilidad bloqueada y llenos de modelos para armar-nos. Cuerpos empoderados impactan sobre los cuerpos asombrados, tenues y dóciles. Provocan desestabilización incluyendo en la lucha el cuerpo ligado al arte, a la política, la filosofía y a las construcciones socioculturales.

El cuerpo mismo es una construcción. No es lo "dado" por la naturaleza. El cuerpo es una construcción dentro de una matriz sociocultural, histórica, política y se construye según las condiciones de existencia, materiales y simbólicas; y en la experiencia de ser en el mundo, como diría Merleau Ponty.

El organismo, en cambio, es neutro y universal; el mismo para toda la especie, y no varía desde el Paleolítico. Contiene en sí la historia filogenética de la especie. Conocemos este proceso como hominización. "El cuerpo, en cambio, pertenece al sujeto y se constituye al mismo tiempo que él" (Paín, 1989:39). Un sujeto socio histórico, atravesado por intensidades diversas. Ideologías, visiones del mundo, normas, usos y costumbres, modelos vinculares y expresivos, verdades naturalizadas, modelos únicos y racionalistas como elementos propios de paradigmas hegemónicos que juegan un importante papel en la construcción y producción de subjetividad y de los cuerpos.

El cuerpo se construye en un medio humano producido por la obra transformadora y creadora que el ser humano opera sobre el medio natural. Mundo del lenguaje, de creencias diversas, de representaciones colectivas; mundo de artefactos, tecnologías, instituciones, saberes. Mundo humano, humanizante para cada nuevo ser. De modo tal que el cuerpo deviene el proceso mismo de humanización propio de cada cultura.

Al mismo tiempo, el cuerpo en tanto construcción, contiene en sí el registro de la historia del sujeto y se presenta como espacio escénico donde se juega una dramática inconsciente del sujeto deseante, desplegando su poética en el movimiento, el gesto, la postura, la actitud... El cuerpo es poético. El organismo no lo es. Recuerdo que Sara Paín nos decía que "el cuerpo es el que gesticula, el que sonríe. El que puede ser alabado o violado...".

En muchas de las propuestas actuales que implican al cuerpo, se renueva una corriente de búsqueda de un cuerpo más "sensible". Formas de danza y performances buscan esxs bailarines sensibles, autoperceptivxs y percibiendo al mundo.

Percepción del propio cuerpo, de lx otrxs, del mundo implica ubicarnos en el aquí y ahora de la experiencia, ubicadxs con presencia en el presente. Este es un elemento clave en la Filosofía y Arte posmodernos. El aquí como

---

21 Ver nota 9, p. 38.

el espacio corporal, referente de todos los demás espacios y donde soy y existo. El ahora, como el tiempo presente. Única certeza posible. El pasado ya se fue y su recuerdo es una producción de la mente. El futuro no llegó y también es producto de la fantasía.

Una práctica sensible de las Artes del Cuerpo y del Movimiento produce una transformación interna, volviéndonos seres más sensoriales en un mundo hegemónico que mantiene vivo el dualismo cartesiano, la valoración exclusiva del pensamiento y de las capacidades intelectuales por el camino racional, y un desprecio total por el cuerpo. ¿Será por su potencia? ¿Por su vitalidad insurgente, por su capacidad de crear nuevos mundos y salirse del control social de los cuerpos? ¿Será por su erotismo intolerable para los ojos viejos?

La renovación de los entrenamientos en las artes del movimiento

El control social de los cuerpos en nuestra cultura promueve un enmudecimiento del cuerpo. Nos tapa de estímulos groseros y nos deja impedidos de adentrarnos en percepciones sutiles de nosotrxs mismxs, de los cuerpos que somos y del mundo. Sabemos que esto no es azar. Responde a un orden hegemónico cuya misión es sujetarnos a ese orden.

Entonces, resulta una revuelta esta búsqueda renovada de la experiencia sensorial, perceptiva del cuerpo, que nos permite saborear al mundo y a nosotrxs mismxs. Cuerpos sensibles toman otros caminos, producen otros interrogantes. No se dejan disciplinar ni esclavizar. Locos, priorizan la vitalidad del placer como potencia.

Las técnicas de entrenamiento sobre el cuerpo transmiten concepciones de mundo, de ser humano; responden a paradigmas hegemónicos que coexisten con paradigmas contrahegemónicos en una lucha de tensiones entre lo instituido y lo instituyente.

Intervenir sobre la percepción no es un hecho ingenuo, ya que es a través de la percepción –que supera lo meramente neurofisiológico y es entendida como interpretación de estímulos y construcción de significados– que nos interpretamos a nosotrxs mismxs, al mundo, a la realidad. Existe una política de la percepción y un régimen de lo sensible que legitiman nuestras experiencias y nos dan un marco de interpretación; construyendo cada cultura, cada sociedad, cada tiempo histórico, diversos modelos sensoriales que regulan nuestra experiencia sensorial y su significación. Y esto también es un hecho que contiene una fuerte dimensión política, si pensamos en la sujeción de los cuerpos que el modelo del logos Racional de Occidente propone o impone como modelo único e inscribe su orden en los cuerpos, en los procesos de socialización, primaria y secundaria.

En nuestra cultura, en la vida cotidiana, la experiencia sensorial es silenciada, tapada por el lenguaje, el pensamiento y la racionalidad, entrenando –desde nuestras tempranas etapas escolares en más–, desarrollando y priorizando solamente los aspectos mentales de un sujeto así disociado.

La propuesta es habitar el espacio corporal, no solo como un espacio tridimensional que contiene músculos, huesos, cavidades, órganos, es decir un espacio anatómico, orgánico, sino como *espesor corporal,* abordando de esta manera el cuerpo poético. Ubicarse en el espesor corporal implica *habitar* el espacio corporal, no solo concientizar sensiblemente el organismo. Implica *estar presente en ellos* y desde ahí ser en el instante. No se trataría de conformarnos con una conciencia anatómica, sino de alcanzar una *presencia*; habitando el cuerpo. Empoderándonos en él.

En la mayoría de los casos es necesario realizar un camino de deconstrucción para experimentar percepciones sutiles del propio cuerpo, desarmar estereotipos, enfrentar valores morales y emociones internalizadas, placeres o displaceres, prohibiciones calladas, poniendo en marcha un universo de energías y potencias, al desbloquear su sensibilidad.

La propuesta de percibirse y percibir el mundo, implica una actitud política contrahegemónica y sitúa al cuerpo como lugar de resistencia frente al logos racional hegemónico de occidente, capitalista, patriarcal y disciplinario; fisurando las prácticas y representaciones que de allí se derivan y a las políticas e ideologías que en estos principios se sustentan. Un camino para el empoderamiento.

El cuerpo habitado como lugar de resistencia[22]

Toda técnica sobre el cuerpo transmite visiones del mundo. El sociólogo francés Jean Masonneuve (1984) nos dice que "según la manera en que una sociedad se plantee el tema de la vida y de la muerte, del trabajo y de las fiestas; según la idea que en ella se forje de la naturaleza del ser humano y su destino; según el valor que se le asigne al placer y al saber, el cuerpo será evaluado, tratado y representado diferentemente".

Cuerpo que supera la dimensión biológica del organismo, anatomía universal y propia de la especie, dimensión de orden natural, "dada". Cuerpo, en cambio, que remite al orden de las construcciones humanas y

---

22 En base a la ponencia presentada en el 2° Congreso Internacional de Artes. Revueltas en el Arte, UNA, 2017.

sus contextos, socioculturales, históricos, políticos y vinculares. Cuerpo, que registra en sí la historia del sujeto. Cuerpo que puede se poético, mientras que el organismo no.

La Expresión Corporal es una forma de Danza centrada en las percep ciones Corporales de un "sujeto situado en el mundo", al decir de Merleau Ponty, donde lxs bailarinxs son autores e intérpretes de sus propias danzas y se empoderan con su creación. Su técnica de base es la Sensopercepción, entendida como una técnica sensorial para la Danza tanto para los aprendizajes motores, como expresivos y la producción creativa, permitiendo el despliegue poético del cuerpo, inmersos en la espontaneidad de la improvisación, eludiendo el control racional y voluntario, convocando y provocando la heterogeneidad de los cuerpos y de las danzas. Su aprendizaje nos permite adentrarnos en el cuerpo autopercibiéndonos y percibiendo al mundo.

En nuestra cultura, en la vida cotidiana, la experiencia sensorial es enmudecida. El cuerpo queda sujetado, aquietado, silenciado, retirado de la experiencia. El cuerpo, lugar del desorden, de la pasión, de la emoción es sujetado mediante distintas técnicas del control social.

La propuesta de percibirse y percibir el mundo, implica una actitud política contrahegemónica y sitúa al cuerpo y esta forma de danzar como lugar de resistencia frente al logos racional hegemónico de occidente y las prácticas y representaciones que de allí se derivan y a las políticas e ideologías que en estos principios se sustentan.

Aquietarse, en un mundo que nos pide correr, autopercibimos y percibir al mundo, haciendo una pausa para estar ahí, presentes; registrando nuestras emociones, volviéndonos seres sensoriales. Deteniendo nuestros pensamientos cuando no son necesarios, creando otras sensibilidades que interrumpan la reproducción de las normas y los mandatos, es una práctica de resistencia que reivindica la experiencia. Y la experiencia siempre implica al cuerpo.

Decíamos que con el advenimiento de la posmodernidad el arte se liga a la filosofía, las ciencias sociales y los activismos políticos. Así podemos ver el arte pensándose filosóficamente con perspectiva crítica, y a la vez ocupando las calles y lugares públicos, por la lucha por la visibilización de las minorías, étnicas, de género, marchas, o simplemente interrumpiendo la cotidianeidad y emergiendo en lugares inusitados.

Desde el campo de la Filosofía, Merleau Ponty con su *Fenomenología de la Percepción* nos permite articular reflexiones filosóficas con la práctica de la Expresión Corporal y arriesgarnos a afirmar que encarnamos una filosofía. Nos dice que el ser humano es conciencia encarnada situada en el mundo en al aquí y ahora.

Pensar en el "aquí" es pensar en el cuerpo, en el espacio corporal donde somos y existimos en el presente del "ahora". Donde nos percibimos vivxs y experimentando al mundo en estado de presencia. Si lo pensamos como un aprendizaje se trata de proponer situaciones que nos permitan adentrarnos en el cuerpo, experimentarlo, ubicándonos en el espesor corporal, habitando el espacio corporal y desde allí emprender una búsqueda lúdica y creativa de las infinitas maneras posibles de movernos desde la autopercepción y situados con presencia en el presente. De este modo, nos sumergimos en una experiencia sensorial directa desde donde surgen nuestras danzas en improvisaciones, donde la espontaneidad es el método de donde surgen configuraciones diversas y efímeras: movimientos, gestos, posturas, actitudes, tensiones...

Desde este lugar es que digo que danzamos *en* el cuerpo y no *con* él. El cuerpo no es *instrumento* para Danza, sino el lugar donde ésta acontece. El Espacio Corporal es habitado y deviene en Espesor Corporal. Desde la piel, los huesos, los músculos, los órganos, nuestra propia tridimensionalidad con la que ocupamos un lugar en el mundo, la relación con la fuerza de gravedad… en una *exploración lúdico creativa del movimiento sensible consciente*. Búsqueda errática, erótica y espontánea; viendo configurarse formas, tensiones, posturas, gestos, actitudes, movimientos, de *improviso*, sin planificación previa, ni intelectualización, ni racionalización; es decir, improvisando. Observando, como un testigo. Presenciando cómo del caos de lo informe surge un orden azaroso, efímero y singular, poético.

Ubicarse en el Espesor Corporal implica *habitar* el cuerpo, concientizar sensiblemente y habitar el Espacio Corporal. No se trata escasamente de lograr una anatomía consciente. Sentir los músculos, la estructura ósea, los órganos, la piel, los apoyos, los contactos, integrados en la experiencia de estar vivxs, implica *estar presente en ellos* y desde ahí ser en la experiencia del instante.

Así, vemos surgir unas danzas que emergen de las energías vitales, volcadas a ser en el mundo, superando las instancias reproductivas de cuerpos mecanizados y disciplinados en aprendizajes dualistas del movimiento cuya búsqueda es la destreza motora, centrada en la forma y la sujeción a códigos prefijados de antemano, dados por un modelo externo; que configuran el movimiento, del gesto, del tono, la actitud, la postura… borrando toda singularidad; homogeneizando y disciplinando los cuerpos y con ellos su modo de ser de ser en el mundo; corporal, kinestésico, expresivo, energético… Disciplinando las conciencias a través del cuerpo en algunos entrenamientos mecanicistas, dualistas, homogeneizantes, ligados por un orden racional que no puede variarse.

Hegemonías y contrahegemonías

La experiencia sensorial del propio cuerpo, en un mundo centrado en el logos racional de Occidente moderno, donde se sobrevalora las actividades mentales, intelectuales, lógicas, racionales y lineales, juega con esas tensiones proponiendo un camino divergente del orden racional hegemónico. Orden simbólico, orden de las praxis, orden de la significación.

Merleau Ponty pone de relieve la experiencia que implica al cuerpo y es por lo tanto sensorial, invirtiendo el cogito cartesiano que reduce el ser al pensar, planteando un "existo, luego pienso"; de este modo se supera el dualismo cartesiano con un retorno al cuerpo, al conocimiento de sí mismo y del mundo a partir de un saber sensorial –es decir corporal– recuperando un mundo tal como lo captamos en la experiencia vivida.

Primacía del cuerpo y la percepción, significa dar prioridad a la experiencia, anterior y fundante del pensamiento, tan sobrevalorizado en nuestra cultura Occidental desde que Platón planteara su dualismo que atraviesa de distintos modos y con distintos imaginarios la historia de Occidente hegemónico con su producción de ideología y prácticas moralizantes. La experiencia perceptiva implica una apertura al mundo y un saber no reflexivo, sino sensorial. Conocemos en tanto que vivimos. Conocer nuestro cuerpo implica vivirlo en la trama que lo liga al mundo.

Para Merleau Ponty la verdad de la experiencia vivida es una verdad. De esta manera no habría una verdad única o un modelo único y absoluto, sino múltiples verdades, múltiples perspectivas. Con esta fuerza hace crítica al modelo racional como única forma de pensamiento. Hay otras formas de pensamiento veladas por el racionalismo. Hay pensamiento en imágenes, pensamiento poético, estético, mágico, mítico.

Del mismo modo que no solo existe la inteligencia lógico matemática que el racionalismo propone, sino que hay una inteligencia emocional, otra lingüística, otra kinestésica, corporal, musical, visual, interpersonal, intrapersonal y hasta existencial. Lo cual expone que somos diversxs y someternos al modelo único implica el borramiento de nuestra singularidad como sujetos.

No existe ninguna instancia en nuestra cultura que nos haga detenernos y autopercibirmos, percibir al otrx, al mundo. Tomar este punto como eje de la práctica implica una subversión paradigmática que vemos emerger con los filósofos de la posmodernidad.

La práctica de la Sensopercepción nos vuelve seres más sensoriales. La percepción implica una apertura sensorial al mundo de la vida. Desde allí el mundo y unx mismx se experimenta de otros modos, que serán el fundamento de nuevas formas de pensar y aceptar el desafío de fundar nuevos órdenes. Nuevos mundos. Nuevos sentidos.

Artistas, creadores de mundos

Crear es fundar un orden. Lxs artistas crean mundos posibles interviniendo sobre la realidad; produciendo realidad. Puede dar cuenta de que transformar el mundo es posible. Mundos que aceptan la incertidumbre, la paradoja y hasta el sin sentido. De esta manera, el arte actual nos interpela, desoculta lo ocultado, da voz a lo silenciado, se adelanta a los cambios, juega y prueba nuevos modos que encarnan otras maneras de ser y estar en el mundo en una práctica poético-política.

Mundos de los que lxs espectadorxs participan activamente, siguiendo corporalmente –sensorialmente– la trayectoria del artista. Tal como lo afirma P. Pavis (2000) la propioceptividad[23] de lxs espectadorxs se activa ante las sensaciones que produce la obra, o la performance. Lxs espectadorxs también se vuelven más sensoriales experiementando en su propio cuerpo habitado un flujo de tensiones y energías diversas surgidas de la resonancia con la obra o performance, a las que luego intentará otorgarles sentido en un acto, posterior, de interpretación y puesta en palabra.

De esta manera, volviéndonos más sensoriales, tanto en lxs artistas como en lxs espectadorxs, podemos hablar de una experiencia artística compartida que nos incorpora a ambos en universos singulares de experiencia y significación, que se manifiestan diversos y múltiples, plurales, eludiendo la captura racional. Contrahegemónicos, destrozando la ilusión de un modelo único y universal de donde se derivan representaciones y prácticas socioculturales productoras de cuerpos y subjetividades.

---

23 A la propioceptividad pertenecen ese tipo de sensaciones que nos permite experimentar nuestro propio cuerpo, de tener una conciencia de él, y habitarlo en un estado de presencia.

El cuerpo como territorio en disputa[24]

El cuerpo es memoria encarnada de la propia historia. Se presenta como un territorio escénico donde se juega una dramática inconsciente del sujeto deseante. Es un significante plurívoco, un entramado de ecos y resonancias diversas. Tierra donde habitan la pulsión y el deseo. Territorio en disputa política y sociocultural.

Intervenir sobre el cuerpo es un acto de resistencia frente al totalitarismo de los modelos hegemónicos impuestos a través de la reunión de hábitos y valoraciones socioculturales que atraviesan nuestras instituciones occidentales, donde el cuerpo y el sujeto es modelado e introducido en un orden único. Autopercibirnos, habitar nuestro cuerpo, experimentarlo, vivenciar cómo encarnan emociones diversas, tensiones diversas que nos expresan y son el material con el que se construyen la postura, el gesto, la actitud, el movimiento… dando cuenta de nuestro modo de ser y estar en el mundo en un despliegue poético es, a mi entender, un modo de resistencia que nos permite ser y existir de otros modos posibles.

El Occidente, capitalista, racional y patriarcal nos impone un borramiento del cuerpo a través del control social de los cuerpos. Cuerpo silenciado. Enmudecido. Cuerpo que no percibimos salvo cuando lo habita el dolor o el estímulo es muy intenso. Estar presente en el cuerpo, volviéndonos seres más sensoriales frente al modelo racional hegemónico que promueve un borramiento del cuerpo, implica una verdadera transgresión al modelo único de ser y estar en el mundo y de ser cuerpo. El cuerpo habitado como lugar de resistencia se presenta como un camino contracultural que nos implica y pone en juego, como primer territorio a ser deconstruído en unx NOSOTRXS compartido.

El despliegue poético del cuerpo transgrede las reglas de un orden previo y racional. Implica una entrega para hallar dimensiones de la existencia que nos fueron vedadas. Un despliegue de imágenes, emociones, sensaciones, se entraman en provisorios movimientos, gestos, posturas, actitudes, devenidas azarosamente y reveladas ante nuestros propios ojos, el despliegue poético del cuerpo en unas danzas espontáneas, que surgen del explorar sin brújula, sin caminos marcados con anticipación previa, sino creándolos en el instante, eludiendo el orden racional y fluyendo en asociaciones libres, retomando la modalidad creativa de las vanguardias artísticas.

---

24 En base al trabajo publicado en *Revista Kiné* n° 154, versión digital, octubre-noviembre, 2022.

La actitud lúdica que pone en juego una búsqueda errática y erótica de nuestros propios cuerpos en relación y vínculo con el mundo y lxs otrxs. Cuerpo que encarna las memorias recordadas y hasta las huellas siempre presentes, aunque olvidadas.

En la búsqueda, en la exploración, en la improvisación, el cuerpo despliega su poética. Se configuran así Danzas efímeras, imprevistas, sin planificar; entregadas a un río de configuraciones que fluyen solas. Danzas singulares que suceden *en* el cuerpo.

En la experiencia creativa, desde mi perspectiva de esta práctica, somos autores e intérpretes de nuestra propia creación. Reconocemos límites que nos estimulan en el desafío de ir más allá, descubriendo y desplegando nuestros talentos, muchas veces ocultos, silenciados. El límite nos desafía, nos estimula y se resignifica como productor de lo nuevo. La práctica de ser creadores de mundo nos empodera. Distribuida en el tejido social las prácticas poéticas devienen en herramienta política.

El hecho creativo nos permite la experiencia de convertir obstáculos en situaciones de aprendizaje y ser fundadores de un orden inédito y de legitimar y visibilizar otras opciones frente al modelo único. Cada unx de nosotrxs tiene ese poder demiúrgico de transformar y crear algo nuevo. Somos creadores de mundos.

De estas experiencias surgen configuraciones diversas, temporalidades diversas, energías y tensiones diversas que devienen en Danzas singulares que irrumpen y desbaratan el orden racional y la disciplina cotidiana poniendo en escena otros modos de ser posibles; legitimando y valorizando la diversidad y singularidad de cada cuerpo. Se despliegan así, frente a los ojos despiertos, danzas y cuerpos singulares y diversos, abriéndose camino por las fisuras de un paradigma que cae y creando nuevos mundos, guiadxs por la potencia del deseo, reunidxs en un nosotrxs compartido. Tejiendo redes... y fundando nuevos modos de ser y estar en nuevos mundos.

El cuerpo silenciado[25]

El orden hegemónico es un tipo de orden pero no el único posible. El orden de carácter represivo que construye subjetividad imprimiendo en el cuerpo lo posible, lo "admitido" y expulsando y reprimiendo todo lo que se manifieste insolente, cómo "lo otro" posible. De este modo, podemos afirmar que este tipo de orden es excluyente.

---

25 En base al trabajo publicado en *Revista Kiné*, versión digital, n° 156, abril-mayo, 2023.

Este orden, que rige nuestras vidas cotidianas, es decir nuestras experiencias cotidianas, es un mundo centrado en el logos racional, de modelos binarios que se presenta como único posible y que produce un borramiento ritualizado del cuerpo, como práctica de silenciamiento.

Sobre esta lógica binaria y represiva, disciplina cuerpos y construye subjetividades ajustadas al modelo que se nos impone sigilosamente a través de nuestras prácticas cotidianas que se fijan en hábitos. Así, ese orden del mundo construye nuestros cuerpos y nuestras subjetividades adaptadas. Moldea nuestros gestos, nuestras miradas, nuestras posturas, actitudes y movimientos, de los que no tenemos conciencia y reproducimos inmersxs en un contexto sociocultural, histórico, político que funciona como matriz fundante de la subjetividad encarnada.

Entendiendo al cuerpo como el lugar donde la experiencia sucede, donde el mundo nos sucede, donde tenemos experiencias que implican siempre un movimiento emocional. Las experiencias con la regla producen emociones que como tales son encarnadas.

La regla del "orden que reprime" propio del modelo dominante, produce tensiones, sensaciones desagradables, cierto tipo de emociones y padecimientos. También nos da modos codificados de manifestar emociones socialmente aceptados que, aunque incorporados involuntariamente por reproducción de un orden dado, construyen nuestro cuerpo. Esas normas del orden represivo, entonces, producen experiencias emocionales que son productoras de cuerpos y subjetividades y llegan incluso a influir en el nivel biológico, como nos muestra la Neurociencia actual, y modelar nuestro cerebro.

Este tipo de reglas represivas, entonces, también nos ordenan emocionalmente de un cierto modo. Nos brindan modelos expresivos codificados para expresar nuestras emociones y nos ubica el cuerpo dentro del orden legitimado de la codificación social. "La sociedad se apropia de la expresión del cuerpo para convertirla en su lenguaje", decía Michel Bernad.

Cuerpos obedientes

Transitando la vida cotidiana de modos aceptables, vamos encarnando cuerpos, modelados, acordes a ciertas representaciones del ser humano y del mundo, de la verdad y del poder.

Estos procesos implican una construcción distanciada de nosotrxs mismxs, de nuestras emociones, de nuestras sensaciones, de nuestra presencia. Como autómatas afectivos, corporales y mentales, transitamos nuestras vidas experimentando lo que sí se puede y silenciando, amordazando lo que no. De esta manera se construyen modos de vida, modos de existencia, modos de "ser y estar en el mundo" del que nos hablaba Merleau Ponty.

Volver a la sensación del cuerpo presente consciente es un modo poderoso de ubicarnos en el "ahora", presente, y en el "aquí" del cuerpo. Esto nos permite reconocer qué sentimos en determinado momento, cómo vivimos cierta situación, demorándonos en las experiencias que nos permiten conocernos y aceptarnos empoderadxs en nuestra singularidad.

La regla del orden represivo se nos imponte. Está en el seno de nuestras valoraciones, nuestras representaciones compartidas, naturalizadas por medio de hábitos sociales. Las reglas de este orden no se aceptan voluntariamente como las del juego. Quien no las cumpla… queda "fuera de juego" por un modelo excluyente.

Este orden dominante contiene a algunos pero deja afuera a muchos. Y esto es práctica política. Lo diverso, los cuerpos abyectos de los que habla J. Butler, desde la perspectiva de género, los cuerpos que son modelados en imagen, gestualidad, posturas, actitudes asignadas por la heternorma y los modelos de clase; los discriminados por etnia o raza, o los cuerpos de talla y peso que no cumplen con el modelo internalizado que silencia toda singularidad… todos quedan fuera, experimentando en muchas ocasiones, maltrato y violencia por no pertenecer sumisos. No se mueven igual que lo que el modelo propone o impone. Sus cuerpos no se ven ni comportan de la misma manera, no tienen las mismas prácticas, o no cumplen con la heteronorma. Son cuerpos y sujetos desobedientes, indisciplinados. Son "los otros" para los que este mundo, así ordenado, no les reserva lugar.

Los caminos que proponen empoderarse a través de la autopercepción, reapropiándose del propio cuerpo, experimentándolo sensorialmente, son modos de potencia para los procesos de deconstrucción y construcción singular, de búsqueda de sí mismo, de la identidad de género y la revalorización de las raíces ancestrales, entre otros aspectos.

La resistencia al cuerpo silenciado es el cuerpo experimentado.

CAPÍTULO 3

Percepción, sensación, representación

Enfoques y articulaciones

El tema de la percepción sensorial y los problemas que se plantean alrededor de este ha sido considerado por distintos enfoques y distintos campos del conocimiento. Lejos de ser materia exclusiva del saber neurofisiológico, la percepción y la actividad sensorial, en tanto plantean la relación del ser humano con su medio, forma parte de los problemas de discusión filosófica y estética, así como psicológica, sociológica y antropológica.

Un abordaje que intente superar nociones unívocas, debe al menos dar cuenta de la necesidad de considerar las diversas perspectivas desde donde pensar el tema.

Desde la reflexión filosófica

Abbagnano (1961), en su diccionario de Filosofía, expone de manera que nos interesa para el objetivo de este trabajo, a las diferentes orientaciones que fue tomando el pensar filosófico de occidente acerca de la percepción. Nos dice que el término "percepción" alude, en principio, a tres significados distintos. Uno que remite a cualquier actividad cognoscitiva general, para el cual el término percepción no se distingue del pensamiento. Otro, más restringido a la función cognoscitiva en la que está presente un objeto real, es decir referido al conocimiento empírico, inmediato de un objeto real. La percepción, en este enfoque, remite a un determinado conocimiento experimental. Un tercer significado, alrededor del cual se plantea la problemática de la percepción en el contexto contemporáneo, remite a la interpretación de los estímulos, enfocando a la percepción como una actividad humana en sus relaciones con el ambiente.

Un rasgo característico de los nuevos ejes para pensar la temática de la percepción ubica la discusión alrededor del tema de la *interpretación de estímulos* y *construcción de significados*. A esta tarea se abocan no solo distintas escuelas filosóficas sino también teorías psicológicas, así como la sociología y antropología contemporáneas.

Abbagnano distingue dos grupos de teorías psicológicas: aquellas que insisten en la importancia de las condiciones *objetivas* y aquellas que insisten en las condiciones *subjetivas*.

Orientada en la primera línea se encuentra la Psicología de la Forma con su teoría de la percepción iniciada a partir de los trabajos de Wertheimer acerca de la percepción del movimiento. Entre los aportes principales de la Psicología de la Gestalt, según Abbagnano, se encuentra el haber demostrado que no existen "sensaciones elementales", y que no existe tampoco un objeto de la percepción como entidad aislable, como se sostenía anteriormente. Esta escuela sostiene que "lo que se percibe es una totalidad" y se dedicó a formular las "leyes de organización" de tales totalidades. El principio fundamental de la teoría de la Gestalt afirma que la percepción refiere a una totalidad cuyas partes, al ser consideradas aisladamente, no presentan sus mismos caracteres, de modo tal que el todo es determinante.

Esta concepción del "todo", para Abbagnano, es semejante a la "cosa" de la que habla Husserl cuando afirma que la esencia de la cosa integra y trasciende la totalidad de sus apariciones. La teoría de la Percepción de Husserl desde un enfoque fenomenológico es aceptada y continuada por Merleau Ponty en su "Fenomenología de la Percepción".

En otra posición, las teorías que ponen el énfasis en lo *subjetivo*, ya no se apoyan en la noción de conciencia introspectiva. Uno de los rasgos que resaltan es el proceso selectivo como parte de la percepción. Dicho proceso de selección, lejos de responder a mecanismos innatos, es considerado como un esquema variable producto de un aprendizaje que forma parte de una construcción, no siempre voluntaria. El carácter activo y selectivo de la percepción sería el pilar fundamental a partir del cual se sustenta la reconstrucción del significado del objeto.

Algunas teorías pondrán el acento sobre las necesidades corporales, las expectativas del individuo, su personalidad y la implicancia que esto tiene sobre la percepción del objeto. Otras focalizarán sobre la importancia de las experiencias pasadas y su papel anticipatorio respecto de las expectativas futuras configurando una "preparación" por medio de la cual el organismo elige, organiza y transforma las informaciones que le llegan del ambiente.

Desde un enfoque antropológico y sociológico

La percepción pensada como un proceso que supera lo meramente biológico y encarada como interpretación y significación, también es objeto de la sociología y antropología contemporáneas. Sobre una concepción del ser humano y del cuerpo como producto de un entramado sociocultural, la percepción sensorial es pensada no solo como un acto físico sino como un producto que reúne prácticas y valores colectivos sobre los que se construyen "modelos sensoriales" o paradigmas sensoriales. Esto significaría, como afirma C. Classen "...que la vista, el oído, el tacto, el gusto y el olfato, no son solo medios de captar fenómenos físicos sino vías de transmisión de valores culturales" (1997: 7).

Estos modelos sensoriales, agrega Classen, condicionan la experiencia y comprensión de nuestros cuerpos y del mundo, al tiempo que revelan aspiraciones, preocupaciones, jerarquías e interrelaciones. Según afirma, los códigos sociales determinan la conducta sensorial admisible de toda persona en cualquier época y señalan el significado de las distintas experiencias sensoriales.

Al mismo tiempo, investigaciones provenientes de la Historia que toman como objeto el tema de los sentidos aportan claridad al recordar que los mencionados modelos o paradigmas sensoriales no son fijos ni estáticos. Evolucionan y se transforman con el tiempo, de modo tal que cada sociedad tiene su propia trayectoria en su proceso de construcción y cambios de modelos sensoriales.

Por ejemplo, la tan difundida hipótesis de que el sentido de la vista se corresponde con el más alto nivel de desarrollo humano responde no solo a un modelo occidental etnocentrista sino que este se consolida en un tiempo histórico (siglos XVIII y XIX), asociado al floreciente campo de la ciencia donde la mirada se asocia a la actividad inquisitiva del científico en su búsqueda de conocimiento.

Sin la intención específica de profundizar en cada una de las líneas o posibilidades presentadas, la intención de esta introducción es exponer la necesidad de articular una perspectiva pluridisciplinar a la hora de considerar el complejo proceso humano de percepción sensorial.

Planteada esta necesidad, tal vez sirva a la comprensión en contexto, de los desarrollos que a continuación expongo.

Complejo perceptivo

Entendemos por *percepción* a una imagen sensorial que se presenta a la conciencia, de los objetos y fenómenos de la realidad en un proceso dialéctico donde mundo interno y mundo externo se entraman.

Si lo pensamos desde un enfoque neurofisiológico diremos que cuando un estímulo adecuado impacta en el sensorio, la energía de la excitación se transmite por medio de los nervios al cerebro donde surge un proceso que llamamos *sensación*. Sobre la base de la sensación se construyen otros procesos como la *percepción* y la *representación* sobre los que se apoya el pensamiento.

Los sentidos permiten la captación de las propiedades de los objetos; mecánicas o térmicas (tacto), ondas sonoras y vibraciones (oído), electromagnéticas de la luz (vista) y químicas (gusto y olfato). Asimismo, la sensación refleja los procesos que se producen dentro del organismo por medio de receptores localizados en los tejidos y órganos internos.

Si ampliamos nuestro enfoque un poco más allá del proceso neurofisiológico implicado diremos que, a diferencia de la sensación que solo reflejaría propiedades aisladas de los objetos, la percepción representa una imagen total de los mismos como resultado de la selección, estructuración e interpretación de los datos que aportan las diversas sensaciones.

Por ejemplo, cuando percibimos un objeto –silla– lo captamos en su totalidad con todas sus cualidades reunidas que nos remiten al objeto como tal, no manchas o colores o formas aisladas. La percepción, siguiendo a J. Piaget, no es un compuesto de sensaciones, sino su composición inmediata. Esta línea debemos mencionar la importante participación integrada de sensorialidad y motricidad en el proceso de percepción. Sobre un principio de integración y acción recíproca, sensación, percepción y motricidad conforman la base del pensamiento abstracto lógico jugando un importante papel en la construcción del conocimiento.

La percepción se presenta de este modo a la conciencia como una *imagen íntegra*, permitiendo la configuración de una *representación interna*. La representación –de la que ya hemos hablado como específica de lo humano cuando afirmamos que el ser humano obtiene, de su acción en el mundo "representación interna"– refiere a la reproducción concreta e íntegra en la conciencia de un objeto o fenómeno percibido con anterioridad.

Al reconocer un objeto, por ejemplo por la vía táctil, lo que registramos en un principio no es el objeto en sí sino las sensaciones corporales que este produce en contacto con nuestro cuerpo. Será la *experiencia* la que permitirá proyectar esas sensaciones hacia el objeto y construirlo en función de la concordancia de experiencias visuales y táctiles anteriores.

A diferencia de la sensación y la percepción, que solo se producen cuando el estímulo que impacta en el sensorio se encuentra presente, la representación se establece al margen de la excitación concreta de los sentidos. Esto nos permite evocar las experiencias, recordarlas y hablar de ellas aun cuando no estén sucediendo en ese momento. Podemos estar percibiendo un determinado paisaje, por ejemplo la playa cuando estamos allí, pero podemos recordarlo, representárnoslo cerrando los ojos y hablar de esa experiencia del pasado a otrxs. La representación se relaciona con la memoria y las asociaciones. Transforma la imagen de la percepción omitiendo algunas cosas y resaltando otras.

La importancia de esta capacidad humana es que permite a la conciencia operar con imágenes de cosas o fenómenos evidentes a los sentidos sin tener contacto directo con ellos. La representación tiene importancia en el proceso de conocimiento como reflejo imaginario y evidente del mundo. Ofrece a la conciencia la posibilidad de apartarse de la realidad inmediata directa, reproducir el pasado o anticipar el futuro, comunicarnos mediante el lenguaje, crear, reelaborar percepciones, constituir imágenes de la fantasía brindando apoyatura a la actividad creadora.

Percepción–Conciencia

Podemos, al hablar de percepción, incluir en nuestro enfoque abierto algunos puntos de la teoría psicoanalítica referidos a este tema. Esta inclusión nos dará elementos interesantes para pensar algunas propuestas del arte contemporáneo.

Desde la teoría psicoanalítica, Freud se refería a la Percepción como parte del sistema Percepción–Conciencia, ligado al Sistema Consciente. La conciencia cumple la función de diferenciar percepciones internas de externas y es considerada como lugar de "percepción anímica", tanto de lo percibido de sí mismo como del mundo: sentimientos, recuerdos, sensaciones, pensamientos. Será el sujeto en su totalidad el que percibe desde su conciencia y el que dé una interpretación a aquello que percibe.

Las primeras representaciones construidas por la experiencia sensorial del bebé configurarían lo que él llamó "representación-cosa". Estas quedarían contenidas en el inconsciente como imágenes visuales o pictográficas. El inconsciente primigenio, entonces, está constituido por representaciones sensoriales de los objetos, principalmente visuales aunque también acústicas, táctiles, olfatorias, gustativas y cenestésicas, en tanto registro de las experiencias de los primeros tiempos de vida, previo a la aparición del lenguaje. En esta instancia el objeto y la imagen del objeto son considerados como idénticos.

En cambio, al hablar de la conciencia, Freud se refiere a la instancia de "representación-palabra". Al adquirir el lenguaje, lxs niñxs incorporan "símbolos" de las cosas entrando con ello al mismo tiempo en "código", del orden de lo social. Mediada por el lenguaje la imagen se diferencia del objeto.

Una vez presentados diversos enfoques que nos permiten superar la exclusividad biológica en el abordaje de la percepción, podemos resumir que esta implica una instancia física, referida al estímulo, una orgánica, referida al proceso neurofisiológico que la posibilita y una instancia psíquica y social que remite al sujeto que, poniendo en juego los contenidos de su escenario íntimo subjetivo, interpreta las señales del organismo convirtiéndolas en signos.

A continuación vamos a detenernos en distintos momentos de este proceso intentando comprender la complejidad multifactorial del mismo.

Sensación

Para ponernos en conocimiento de lo que sucede en el mundo exterior, así como dentro de nosotrxs mismxs por la vía sensorial, nuestro organismo cuenta con un complejo sistema denominado por algunos como "Complejo Perceptivo". La percepción es una actividad psicofisiológica que nos permite conocer sensorialmente y tomar conciencia de lo que sucede dentro y fuera de nuestro cuerpo.

La sensación es el primer paso del Complejo Preceptivo que se produce cuando un receptor es impresionado por un estímulo adecuado para él. Las sensaciones se pueden clasificar[26] en exteroceptivas, cuando los estímulos provienen del exterior del cuerpo, y en propioceptivas e interoceptivas, cuando los estímulos provienen del interior del cuerpo.

---

26   Tomamos la clasificación de Sherrington que distingue tres campos de recepción de estímulos sensoriales. Así las sensaciones *exteroceptivas* informan acerca de objetos exteriores al cuerpo, las *interoceptivas* se relacionan con la excitación de la superficie interior del organismo y órganos sensibles a la dilatación de sus paredes. La experiencia que remite al orden *propioceptivo* se refiere a las sensaciones músculo-tendinosas que informan sobre el aparato locomotor (sentido kinestésico) así como las impresiones laberínticas del oído interno (Le Boulch, 1985:151).

Asimismo, la sensibilidad puede clasificarse en superficial –cuando los receptores se encuentran en la periferia del cuerpo– y profunda cuando se hallan en el interior.

Las sensaciones exteroceptivas son producidas, como dijimos, por la captación de estímulos externos, la cual es realizada por los cinco sentidos: tacto, gusto, vista, olfato, oído. En ellos los receptores se encuentran conformando órganos y nos permiten la captación de cualidades de objetos o situaciones del mundo exterior.

Las sensaciones interoceptivas se producen por la excitación de superficies internas del organismo o de algunos órganos huecos sensibles a la dilatación de sus paredes. Nos producen sensaciones orgánicas que nos informan sobre estados de nuestro organismo, como hambre, sed, ahogo, indigestión.

Las sensaciones propioceptivas nos informan sobre la situación en que se encuentra nuestro aparato locomotor. Producen sensaciones *kinestésicas* –referidas al movimiento– cuya función consiste en regular el equilibrio y las sinergias o acciones voluntarias coordinadas, y *estáticas* –referidas al equilibrio del cuerpo–. En su integración conforman las sensaciones posturales, presentes en la construcción del Esquema Postural que formará parte de la Imagen Corporal.[27] Estas sensaciones permiten darnos cuenta –lo que es decir "tomar conciencia"– de las posiciones de nuestros miembros en el espacio, de los movimientos que realizamos y cómo los realizamos –con mucho esfuerzo, con poco–, así como de sensaciones de peso del cuerpo, su estado de equilibrio –por medio de impresiones recibidas en el aparato vestibular y laberinto del oído–.

En cuanto a las sensaciones estáticas nos informan acerca del equilibrio de nuestro cuerpo –en relación con la fuerza de gravedad–, su pérdida y recuperación. Interviene en forma importante el aparato vestibular del oído. Por medio de estas sensaciones nos damos cuenta de la postura de nuestro cuerpo, su inclinación, rotación, marcha –que implica un juego de pérdida y recuperación del equilibrio–, elevación y caída.

En las sensaciones kinestésicas –del griego *kiné*: movimiento, y *esthesis*: sentidos– tienen fundamental importancia los nervios situados en los músculos y las articulaciones. En ellas se encuentran los mecanoreceptores,[28]

---

27 Según el concepto de Imagen Corporal de Paul Schilder –neuropsiquiatra y psicoanalista austríaco– en su libro *Imagen y apariencia del cuerpo humano* (1977).

28 Estos mecanoreceptores fueron descubiertos por el Dr. Wyke y dados a conocer en 1977 en el Congreso de Medicina Manual en Copenhague; tal como lo cita Gerda Alexander en *Conversaciones con Gerda Alexander* (Violeta de Gainza, 1983:93).

que son cuatro receptores muy pequeños ubicados en todas las cápsulas de las articulaciones, registrando la influencia de la gravedad. Reaccionan ante cada cambio de presión producido por cada alteración de postura y movimiento, captando hasta la más sutil variación en la distribución del peso e influyendo en la estimulación de la respiración y el metabolismo.

Este tipo de sensaciones nos permiten tomar conciencia de nuestros movimientos, distinguir los diferentes esfuerzos musculares que realizamos, las diversas tensiones, energías, la velocidad a la que nos movemos y el grado de vitalidad con el que lo hacemos, y distinguir además, lo pesado de lo liviano.

Las sensaciones kinestésicas se combinan con sensaciones visuales y auditivas estableciendo conexiones e interviniendo en el diestro manejo del cuerpo, tal como podemos verlo en el entrenamiento motor en la relación música movimiento, en la rítmica y en la danza.

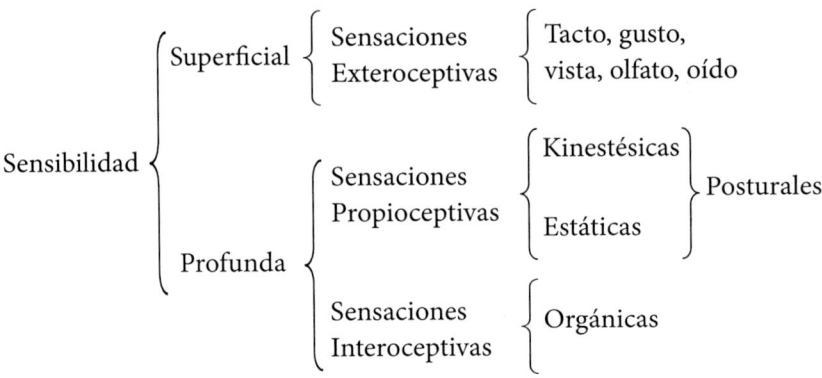

Además de las sensaciones mencionadas, existe otra forma de experiencia del cuerpo que no depende de un sentido determinado o receptor específico. Por el contrario, deriva del cúmulo de estímulos al que constantemente se ve sometido nuestro cuerpo, sin que ocurra ninguna selección de los mismos. A este tipo de sensación se la llama *cenestesia*[29] y refiere a una asociación o amalgama de sensaciones de naturaleza distinta.

Este concepto fue trabajado por el fisiólogo Reil a principios del siglo XX para referirse a una forma de sensación que informa a la persona sobre su propio organismo, más allá de un sentido específico. Reil, desde un enfoque neurofisiológico, buscaba una función que nos informara acerca de nuestro

---

29 También se puede encontrar en algunos textos como "sinestesia".

propio cuerpo, que fuera de algún modo simétrica a aquella que por vía de los cinco sentidos nos permite el conocimiento del mundo exterior.

Las sensaciones cenestésicas –del griego *koiné*: común; *esthesis*: sentidos– se refieren a la condición general del organismo, recogida de la información global que aportan los sentidos, es decir sin referirse a ninguno en forma específica. Comprende las sensaciones globales agradables y desagradables, orientación en el espacio, el paso del tiempo, el sentido del ritmo y unidad corporal.

Percepción y trabajo psíquico

Dijimos que la percepción es una actividad psicofísica que nos permite la toma de conocimiento de lo que sucede en el mundo exterior así como lo que sucede dentro nuestro.

Como tal podemos considerar tres factores:

- *Factor físico*: estímulo que puede ser mecánico, eléctrico, físico o térmico;
- *Factor fisiológico*: constituido por el aparato sensorio: órgano receptor, nervios aferentes –sensitivos– y centro cerebral;
- *Factor psíquico*: un Yo que interpreta las señales del organismo convirtiéndolas en signos.

Para que se produzca ese conocimiento o conciencia, es necesario mucho más que la simple suma de los datos aislados aportados por los sentidos. Es por esto que afirmamos que la sensación es solo el primer paso en el proceso de percibir; constituyendo el aspecto fisiológico.

La percepción se completa con su faz psicológica, donde el sujeto analiza e interpreta los datos sensoriales, dándoles significado. De este modo podemos afirmar que es un acto constructivo y no meramente receptivo.

P. Schilder nos recuerda que "…cuando construimos la percepción de un objeto no actuamos como un mero aparato perceptor. Siempre existe una personalidad que experimenta la percepción" (1977: 18). La percepción *relaciona* los datos actuales aportados por los sentidos con experiencias anteriores que le sirven de fondo y orientación para comprender la experiencia actual y darle significado. Con este fin *selecciona* del preconsciente solo los datos útiles de la experiencia pasada, que pueden ser asociados a la actual. También selecciona de los estímulos presentes solo aquellos que son útiles a un fin actual. Luego los *organiza* construyendo así, una "imagen" del objeto que se presenta a la conciencia.

Paralelamente a la organización, la percepción *estructura* todos estos datos en un "todo", que es presentado a la conciencia como una unidad dotada de significado propio y no como una simple yuxtaposición de datos.

La estructuración, al dar "orden" da "significado" a lo percibido, sea objeto o situación. Ubica en el tiempo y el espacio y permite apreciar cualidades y valores de donde se originan estados afectivos que se engloban en la percepción. Cada percepción es una estructura que pertenece a su vez a una estructura mayor que es la vida psíquica del sujeto, y como parte de ese todo mantiene con él relaciones propias.

Al mismo tiempo es importante considerar que no solo las percepciones presentes tienen un componente afectivo en su estructuración, sino que también las pasadas con las que se relacionan al organizarse. De modo tal que en toda percepción se ve reflejada la historia del sujeto que percibe. La vida psíquica del sujeto orienta la selección de los datos –tanto pasados como actuales– así como también la configuración que adoptan al transformarse en percepción.

La percepción es una actividad subjetiva, donde la persona con su historia participa *activamente* en la selección, organización y estructuración de los datos aportados por el sensorio y los interpreta y da sentido. Es siempre "nuestro modo de percibir", ya que son "representaciones" construidas por la mente, más o menos en conformidad con los estímulos recibidos de los objetos.

Por otra parte, la percepción no depende solamente de los estímulos sino también del "contexto" donde estos actúan, de modo que la configuración final puede poseer elementos que no se hallaban presentes en las partes. Por ejemplo cuando miramos una película "percibimos" movimiento en los personajes, cuando en realidad se trata de figuras estáticas y lo que se proyecta es una secuencia fotográfica. Toda percepción se organiza espontáneamente en "figura y fondo", en una relación que puede cambiar espontáneamente sin que exista cambio de estímulo.

Asimismo la percepción se encuentra limitada por umbrales determinados por el orden fisiológico del aparato sensorio. Para poder ser captado un estímulo debe hallarse dentro de un espectro que no supere el umbral absoluto superior ni sea menor al umbral absoluto inferior. De lo contrario se altera el equilibrio funcional del aparato sensorio. También es necesario que exista una distancia mínima y una distancia máxima entre estímulo y receptor; y una magnitud mínima para las sensaciones visuales y táctiles. Así es como el exceso de claridad no permite ver, no escuchamos un sonido a diez kilómetros de distancia, etc.

La neurofisiología nos muestra que una vez recibido el estímulo por los receptores sensoriales –impresión– éstos circulan por una vía nerviosa sensitiva –aferente– en forma de impulso nervioso, rumbo al cerebro. Allí se producen fenómenos bioquímicos y eléctricos que envían la información al centro cerebral correspondiente, produciendo en él una "modificación".

Pero es el sujeto que mediante una actividad psíquica específica "interpreta" la modificación cerebral. La modificación no es una cualidad material del objeto, sino una *señal* de ella que se convierte en *signo* por la actividad de un Yo interpretante, que mediante la experiencia *aprende* a codificar y decodificar. Y lo aprende según los modos culturizados de su medio social que brindan un modelo sensorial que orienta y ordena la experiencia y la interpretación.

Recordemos que desde la perspectiva que venimos proponiendo, el Yo no emerge en forma aislada. Se construye en la interacción con otros y con el mundo, inmerso en un medio social. Esto nos orienta a observar que la percepción del ser humano, así como su sensibilidad, es el producto de un proceso histórico y social, encontrándose inmersa desde su construcción misma dentro de un sistema de conceptos y representaciones sociales que le otorgan valor y sentido a los datos que aporta el sensorio. La percepción juega un importante papel en la relación dialéctica sujeto-mundo.

Los aportes de la Psicología, Sociología y Antropología contemporáneas se articulan con otros saberes, produciendo una mirada común que funciona como plataforma desde donde entender y abordar al ser humano y su cuerpo. Podemos ver, por ejemplo, cómo desde la Psicomotricidad, A. Lapierre y B. Acouturier afirman que "el sujeto humano solo existe en la medida en que tiene la posibilidad de entrar en comunicación con los seres y las cosas que lo rodean, estableciendo relaciones significantes entre las sensaciones que experimenta en su cuerpo y el mundo" (1980: 65).

Así, lo que llamamos personalidad –nos dice– refiere a la manera *personal* de cada uno de estructurar esas relaciones; lo cual implica una manera de percibir e interpretar.

Para Lapierre y Acouturier las alteraciones de la personalidad estarían dando cuenta de alteraciones de esas relaciones del sujeto con el mundo.

Función del organismo y dimensión corporal

Al adquirir conciencia de la cualidad material del objeto que estimulando un receptor sensorial dio lugar a un impulso nervioso se produce lo que llamamos "Sensación". La fase verdaderamente específica de la percepción es la interpretación de la modificación cerebral, capaz de convertir en experiencias la actividad de los aparatos sensorios. Las fases anteriores son factores físicos y fisiológicos que anteceden a la percepción, pero no son suficientes por sí solos para producirla.

Podemos afirmar que el *cuerpo* permite que los datos sensoriales que impactan en el *organismo* se conviertan en *experiencias*, para lo cual la información sensorial debe ser significada por el sujeto, quien se encuentra inmerso en una trama de significación compartida que imprime su sello sobre la actividad orgánica, generando una *cultura somática* específica que, al regir la relación que cada unx mantiene con su propio cuerpo, será matriz de significación sobre la que se construye la experiencia personal.

El pasaje de la funcionalidad orgánica a la dimensión corporal, transforma esta acción en un hecho específicamente humano. "El organismo funciona, el cuerpo, en cambio, surge de la elaboración significante de dicho funcionamiento" (Paín, 1998:40). El cuerpo es el lugar donde las coordinaciones sensoriomotrices entre percepciones y acciones adquieren sentido, agrega más adelante Paín. La función del organismo neutro adquiere dimensión simbólica, afectiva y social, lo que implica el orden del sentido humano.

ORGANISMO	CUERPO
➤ Sentido de la vista que permite VER.	➤ MIRA.
➤ Sentido del oído que permite OÍR.	➤ ESCUCHA.
➤ Aparato fonador que permite HABLAR.	➤ DICE.
➤ Sentido del tacto que permite TOCAR.	➤ PALPA, RECONOCE, ACARICIA.
➤ Sentido del gusto que permite distinguir el sabor de las cosas.	➤ SABOREA, DEGUSTA, GUSTA.
➤ Sentido kinestésico que le permite reconocer la postura, el movimiento, el equilibrio estático.	➤ SE MUEVE, EXPLORA, SALTA, CAE, RUEDA Y SE LEVANTA.

Dimensión social de la percepción

Cuando mencionamos de percepción estamos hablando de un proceso que culmina en la conciencia. Es decir, los datos del sensorio son significados e interpretados por un cruce de contenidos y actividades conscientes e inconscientes que concluyen en un "darse cuenta"; fase final del proceso a cargo de la conciencia. Esta, como dijimos, está regida por el lenguaje y construida en el marco de una cultura que inscribe en ella sus valores, sistemas de representación y normas. La conciencia se construye en el seno de una matriz sociocultural que otorga valor y sentido, significando la experiencia del sujeto y permitiéndole significar al mundo.

Sujeto-sujetadx a las representaciones y normas compartidas que influirán en la configuración de esquemas de pensamiento a partir de los cuales el sujeto selecciona su experiencia y la interpreta.

Dijimos, al hablar de percepción, que se compone de una faz física (estímulo), otra neurofisiológica (dimensión orgánica) y otra psíquica. Afirmamos también que la percepción selecciona, organiza, estructura y da sentido a los datos aportados por el sensorio, como instancia que responde a la dimensión psicológica de la percepción. Resulta de importancia, entonces, subrayar la impronta social y cultural de valores presentes en esta instancia específica de la percepción.

Las normas, usos y costumbres, en tanto prácticas de la cultura, construyen esquemas de selección de la experiencia del sujeto a la vez que proponen modos de interpretación de la misma. De esta manera podemos hablar de la producción de modelos perceptivos dominantes o hegemónicos.

Existe un orden social presente en la forma de nuestra sensibilidad, tanto en el sistema de la apertura como del cierre de la misma, así como en la dirección volitiva de nuestra atención y finalmente hacia la significación de la experiencia sensible.

La atención, perteneciente al orden de la voluntad, será orientada por las prácticas de la cultura reforzando el registro de ciertos estímulos o desviando la atención de los mismos. Asimismo la significación de la experiencia sensible se encuentra ligada a valores encarnando una simbólica compartida.[30] La cultura moldea a nuestro cuerpo aún en su faz más orgánica.

Los umbrales de la percepción para cada actividad sensorial, si bien son marcados por el orden que el programa orgánico porta como herencia de la especie, son modificados asombrosamente según el orden de "uso" marcado por las prácticas culturales.

---

30 En su libro *Antropología del dolor*, A. Le Breton nos demuestra cómo la experiencia del dolor es significada –y con ello vivida–, de modo diferente según los contextos culturales a los que el sujeto pertenezca. Así, la experiencia del dolor estará ligada en algunos casos al sacrificio, a la limpieza de pecados, al castigo o a valores estoicos, según cada contexto. Esto hace que no exista posibilidad de considerar objetivamente ninguna sensación. "La anatomía y la fisiología –nos dice– no bastan para explicar estas variaciones sociales, culturales personales e incluso contextuales" (1999:9).

David Le Bretón nos indica en *Las pasiones ordinarias. Antropología de las emociones* (1998) cómo en los casos de los niños llamados "salvajes"[31] su umbral de percepción térmico se modifica notablemente al haberse criado fuera de un contexto humano. Así, comenta que estxs niñxs andan desnudxs en la nieve sin sentir el frío y, lo que es más interesante aún, sin que su organismo sufra las reacciones habituales en un humano frente a esas bajas temperaturas.

Asimismo, en *Antropología del dolor* expone el resultado de investigaciones que ponen de relieve las diferentes formas de experimentar el dolor –mayor o menor tolerancia– según el paciente pertenezca a una comunidad judía, árabe o italiana, por ejemplo. Estos ejemplos dan cuenta de una valoración social de los grupos de pertenencia frente al dolor. Ya sea como algo que hay que callar con connotaciones de heroísmo o sumisión, o como algo de lo cual hay que liberarse a través de la expresión del sufrimiento que el dolor provoca. Una cultura del dolor lo sitúa en relación al castigo, pecado, o valor estoico configurando la experiencia sensible de los sujetos. Así, vemos que si bien existe un orden orgánico, común a la especie humana, para que el estímulo que provoca dolor circule por el sensorio llevando esta información al sistema nervioso central, la *experiencia subjetiva* –lo cual implica su "percepción"– no es idéntica en todos los seres humanos.

> El cuerpo vivo del ser humano –nos dice Le Bretón– no se limita a los relieves dibujados por su organismo; más decisiva es la manera en que el ser humano lo inviste, lo percibe, ya que encarna una estructura simbólica antes de configurar una biología. (1999: 51)

---

31 Le Bretón cita casos debidamente confirmados de niñxs que sobrevivieron al aislamiento precoz de su medio humano. Algunxs extraviadxs en selvas o bosques, lugares donde la frontera entre el hábitat humano y animal no es muy precisa. Muchos de estxs niñxs fueron encontrados con vida varios años después, sobreviviendo gracias a la crianza de animales que los toman bajo su amparo, cual si fuesen sus crías. Al haberse desarrollado fuera de un medio humano, algunos autores llaman a estos niñxs "salvajes". En el caso de niñxs criados por lobos, Le Bretón menciona a las niñas Kamala y Amala halladas en 1920. Pese a su constitución física, propia de la especie humana, no podían ponerse de pie ni caminar, así como tampoco producir el gesto social de la sonrisa. Sus maxilares eran más prominentes que lo habitual, sus dientes pegados con bordes afilados y sus caninos largos y puntiagudos. Llama la atención su visión nocturna, agudeza olfativa e insensibilidad al frío, al punto que no resultan comunes al organismo de la especie humana. Otro de los casos de niñxs criados sin la presencia de otro humano es el conocido Kaspar Hauser, hallado alrededor de sus 17 años, el 26 de mayo de 1828 en Nüremberg.

Podemos afirmar entonces que los umbrales –máximo y mínimo– que funcionan como fronteras que el organismo exige para la captación del estímulo están ligados al tejido sociocultural. La experiencia del sujeto no se limita al impulso nervioso que circula por el organismo de determinada manera. Se trata siempre de la relación emocional y significante donde un estímulo impacta y conmueve a un sujeto total.

Normas implícitas internalizadas por el sujeto, de modo que escapan a su conciencia, determinan su relación con los estímulos captados por el sensorio. Razones de historia individual enlazada con valores del orden social configuran la percepción haciendo de esta una construcción social y cultural sujeta a representaciones compartidas. La configuración de los sentidos pertenece al orden social y no solamente al fisiológico. Cada cultura, cada ámbito específico, cada clase social elabora un universo sensorial, que en tanto universo de sentido ofrece una captación del mundo diferente.

Más allá de un estudio fisiológico de los sentidos, la antropología, la sociología, incluso la historia, nos revelan también las variaciones contextuales en los distintos modos de concebir teorías acerca de los procesos sensoriales y perceptivos.

La antropóloga canadiense Constance Classen, se toma el trabajo de mencionar los obstáculos conceptuales de distintas líneas de pensamiento hegemónico de occidente, planteando los "supuestos" que debe enfrentar una "Antropología de los sentidos".[32] Cita como primer obstáculo la permanencia del supuesto de que los sentidos son "ventanas al mundo" de naturaleza puramente biológica, cuando en realidad los sentidos, como otros aspectos de la existencia fisiológica, están regulados por la sociedad.

> Los códigos sociales determinan la conducta sensorial admisible de toda persona en cualquier época y señalan el significado de las distintas experiencias sensoriales. (Classen, 1997: 7)

El segundo supuesto que discute Classen refiere a la consideración de que el sentido de la vista está relacionado con la razón y es, por lo tanto, el único sentido que tiene importancia cultural decisiva.

Muchas teorías del siglo XIX, ligadas a una concepción evolucionista, clasificaban como "sentidos inferiores" o "animales" al olfato, el tacto y el gusto, y según postulaban estas teorías, estos sentidos perdían importancia

---

32 La expresión "Antropología cultural de los sentidos" corresponde al historiador Roy Porter en el prefacio de su libro *Lo fétido y lo fragante: el olor y la imaginación social francesa* de 1986. Tomando esta nominación, varios equipos de antropólogos se abocan a delinear una Antropología de los sentidos situándose dentro de un movimiento pluridisciplinario que estudia la vida sensorial de la sociedad.

conforme el ser humano ascendía en la escala evolutiva, ganando supremacía el sentido de la vista.

Sabemos que el evolucionismo de Darwin planteó un modelo que luego fuera tomado para el análisis y explicación del comportamiento humano dando lugar a un "evolucionismo social", que postula que las culturas y las sociedades evolucionan de igual modo que plantea Darwin la evolución en el orden filogenético, según un principio interno orientado hacia el *progreso*.

Desde una perspectiva evolucionista –que encarna posturas ideológicas y políticas– la cultura occidental sería el punto máximo en la escala evolutiva de la especie humana. Sobre esta base toda cultura diferente a la nuestra será considerada "primitiva" y representativa de estadios tomados como "inferiores" en la evolución. Esta postura etnocentrista desconsidera la heterogeneidad producto de desarrollos culturales diferenciados. De este modo, el pensamiento hegemónico en occidente moderno, centrado en la razón, establece jerarquías entre culturas imponiendo una única forma particular de civilización.

El supuesto que asocia una pretendida "evolución cultural" a la primacía de lo visual, está influido por resabios de concepciones propias de un determinismo biológico así como, de "tendencias de una antropología racista" del siglo XIX, tal como lo afirma Classen, que asociaba "sentidos inferiores" a "razas inferiores". Desde esta perspectiva etnocentrista, propia de una cultura centrada la visión se construye un paradigma sensorial que ignora otros modelos tiñendo de prejuicios toda investigación de otros comportamientos culturales. Así, muchos estudios se empeñaban en describir, según Classen, la importancia "animal" del olfato, el gusto y el tacto en culturas no occidentales. Tal la propuesta de F. Schiller en su estudio sobre estética, cuando afirmaba que "...mientras el ser humano es todavía más salvaje, disfruta más por medio de los sentidos táctiles (esto es tacto, gusto y olfato) que a través de los sentidos superiores de la vista y el oído" (1982: 195).

Classen promueve una antropología de los sentidos capaz de exponer las dimensiones multisensoriales culturales y su carácter dinámico. Así como nuestra cultura occidental está centrada en la visión –asociada al racionalismo y capacidad analítica– desde el comienzo incipiente de la ciencia en más llegar a la producción de técnicas audiovisuales como la fotografía y el cine, existen otras culturas centradas en otros modelos sensoriales.

Esta autora menciona distintas investigaciones que dan cuenta de las diferencias culturales en los modelos sensoriales y su relación con los modos de concebir a la vida, al ser humano y al cosmos. Menciona el poder sugestivo que tenían los olores para lxs isleñxs del estrecho de Torres, o el vocabulario olfativo de lxs sereer nduts de Senegal, o la descripción del cosmos en términos térmicos de lxs tzoltziles de México, o la importancia cultural del oído, según los trabajos de Steven Feld, para lxs kalulis de Nueva Guinea, para quienes el modelo sensorial auditivo les da una forma de expresión estética, de expresiones emocionales y de relaciones sociales.

La tarea de una Antropología de los sentidos es para Classen "contribuir a revelar los códigos simbólicos mediante los cuales las sociedades ordenan e integran el mundo". O como afirma D. Howes, miembro del mismo grupo que Classen en la Universidad de Concordia de Montreal, Canadá:

> …la Antropología de los sentidos se interesa principalmente en la manera en que varía la configuración de la experiencia sensorial entre las distintas culturas, según el significado relacionado con cada uno de los sentidos y la importancia que se le confiere. Se interesa asimismo en determinar la influencia que ejercen esas variaciones en las formas de organización social, las concepciones de la persona y del cosmos, la regulación de las emociones y otros ámbitos de la expresión cultural... Solo podemos esperar comprender cómo se vive la vida en otros contextos culturales si tenemos plena conciencia de las tendencias visuales y textuales del modo de conocimiento occidental. (en Howes, 1991: 4)

Una consideración desde estas perspectivas puede ayudarnos en mucho para tener en cuenta la variabilidad dinámica de los procesos sensoriales y perceptivos entendidos como construcciones culturales de variación histórica. Tal consideración nos permitiría situarnos para pensar tanto el Arte como los modos de entrenamiento desde un lugar abierto, inmersos en un movimiento en el que confluyen saberes de distintas disciplinas en pos de la construcción de una nueva mirada desde donde pensar al ser humano y sus producciones.

Estética

Si nos proponemos pensar la percepción como una actividad propiamente humana, concerniente a todas las esferas de la vida del ser, no podemos dejar de introducirnos en una reflexión estética. La percepción figura como tema crucial en el Arte en torno a la captación de la obra. P. Pavis afirma que la estética es el estudio de las sensaciones y de los rastros de la obra de arte en el sujeto que la percibe. De modo tal que la experiencia estética surge de la experiencia directa de lxs espectadores con la obra.

El término "estética" deriva etimológicamente del griego "Aisthesis" (percibir por los sentidos). Baumgarten rescata este término clásico y lo utiliza en el siglo XVIII para dar título a su obra *Ahesthetica* (1750-1758). Al hablar de estética se refiere a un grado de conocimiento limitado a la percepción sensible. La formación racionalista de este filósofo[33] hace que se refiera al goce estético como una capacidad inferior del conocimiento (a través de los sentidos) cuyas representaciones, que provocan en nosotros un goce estético, son *confusas*.

Baumgarten pretendía que su *Ahesthetica* se consolidara como una lógica de las "potencias inferiores del alma" a modo de una teoría de la sensibilidad, y desde esta perspectiva constituir una ciencia del conocimiento sensible, que por estar ligado a los sentidos, obviamente no sería claro, sino confuso. La idea de Baumgarten con el proyecto de esta nueva disciplina era prestar una consideración especial a la reflexión en torno a lo bello. La difusión de su obra hace que prontamente sea aceptada en los ámbitos filosóficos alemanes.

Posteriormente la estética despega de esta influencia racionalista de su origen pero continúa referida al estudio de las sensaciones que experimenta el sujeto frente a la obra de arte. En su libro *El orden oculto del Arte* (1975a), A. Ehrenzweig habla de dos tipos de percepción, superficial y profunda –o estructurada e inestructurada– que se articulan permanentemente. La percepción superficial se ocupa de las configuraciones precisas, coherentes y armónicas. Es del orden consciente. Captando las cualidades constantes de las cosas –forma, tamaño, color, textura– y procura reprimir las distorsiones accidentales en pos de la construcción de una imagen del objeto. La percepción profunda, de orden inconsciente, en cambio, capta las formas inarticuladas, las distorsiones y, podríamos decir, aquello que se fuga del orden racional, permitiendo entonces la captación de lo referido al material inconsciente, presente en la obra de arte.

> El arte Moderno –afirma Ehrenzweig– parece en verdad caótico. Pero en el transcurso del tiempo el orden oculto en la subestructura del arte (la obra de la inconsciente creación formal) sube a la superficie. (1975a: 79)

Esta forma de captación, entonces, es lo que permitiría al observador ponerse en contacto con un orden oculto en el arte que difiere del orden lógico, estructurado, al que puede pensarse analíticamente por medio del

---

33 La línea de pensamiento racionalista y abstracto basada en la doctrina de las ideas innatas, es iniciado por Descartes (1596-1650) y fue continuado por Spinoza (1632-1677), Leibniz (1646-1716), Wolff y Baumgarten.

funcionamiento mental consciente. La percepción profunda remite a una visión sincrética, que "capta de una vez y por entero las cosas", propia de la visión infantil del mundo, y anterior a la visión analítica.

Para Ehrenzweig la visión sincrética nunca queda superada del todo y es un poderoso instrumento con el que cuenta el artista y que requiere del observador la puesta en juego de su sensibilidad abierta para la captación de la obra. Nos dice que el trabajo creativo logra coordinar los resultados de la indiferenciación inconsciente y los de la diferenciación consciente, revelando de este modo el orden oculto que subyace en lo inconsciente.

Por su parte, en su teoría del psicoanálisis, Freud afirma que en el inconsciente las representaciones son esencialmente imágenes visuales que no están ligadas al lenguaje verbal, a las que –como ya dijimos– denominó representación-cosa. En el ensayo *Psicoanálisis* afirma que el pensamiento visual se acerca más a los procesos inconscientes que el pensamiento verbal, y es más antiguo tanto desde el punto de vista filogenético como ontogenético.

En las prácticas escénicas contemporáneas la imagen ocupa un lugar cada vez más importante. La puesta en escena, como afirma P. Pavis, es una puesta en imágenes. En muchos casos la búsqueda estética apunta a una representación de imágenes opuesta a la noción tradicional de texto o acción, trabajando incluso los materiales lingüísticos como imágenes, cuadros o pictogramas. La imagen, antes ligada a la ilustración o al signo, se presenta en muchas corrientes escénicas de arte contemporáneo, con su propia organización formal.

> En lugar de una figuración mimética o una abstracción simbólica –continúa Pavis– encontramos un escenario construido con una serie de imágenes de gran belleza. El escenario se confunde casi con un paisaje o una imagen mental, como si se tratara de ir más allá de la imitación de una cosa o de su convención en signo. (2000: 463)

El pensamiento visual, nos dice Pavis, tal como lo plantea Freud, es el medio que muchos directores de escena contemporáneos escogen para exponer la dimensión inconsciente o el orden oculto de la obra.

Otros autores, como M. Ivelic, se refieren a estos dos tipos de percepción como percepción pragmática y percepción estética. La percepción pragmática sería aquella sobre la cual construimos los esquemas de acción que nos permiten la vida cotidiana. Este tipo de percepción selecciona y organiza los datos del sensorio sobre la base de una intencionalidad utilitaria que nos permita ejercer nuestra acción en el mundo en orden al dominio del mismo. Sobre esta base se construyen los esquemas de acción habituales que se convierten en hábitos. Su sentido práctico nos facilita la eficacia de nuestras acciones y relaciones con el mundo permitiéndonos su apropiación práctica.

En cambio, la apropiación estética del mundo requiere de un orden de la percepción diferente. Así como G. Gadamer nos dice que la captación de la obra de arte nos reclama un "demorarnos" en ella recuperando un tiempo de la experiencia vivida en plenitud y saliendo del tiempo y orden pragmático del mundo; la percepción estética –tal como lo propone Ivelic– requiere de una actitud diferente a la pragmática que configurará una forma de apropiación también diferente. Un salirse del orden cotidiano, de los esquemas habituales que orientan la selección de los datos del sensorio; una *presencia* diferente.

Hablamos aquí de conceptos como el de "participación", "resonancia", "empatía" como una forma de aludir a otra manera de relacionarse con el mundo que habilite el despliegue de aquello que el orden pragmático nos exige recortar y descartar. Estos términos –valencia, resonancia, participación– han sido utilizados por Bleger, Bion, Anzieu en el campo psicológico de las relaciones sociales para referir a un tipo de relación que no requiere del lenguaje y que induce a la experiencia. Bleger usa el término "participación" como una forma de captación afectiva de lxs otrxs, espontánea.

El comienzo: estado fusional e indiscriminación

Desde el nacimiento, el bebé tiene acceso a su entorno a través de la actividad sensorial. Sin embargo, durante un tiempo su experiencia con el mundo continúa siendo indiferenciada, tal como lo era en su vida intrauterina. Allí, sin delimitación entre un adentro y un afuera, con una continuidad térmica entre el medio interno del organismo del bebé y su medio externo, placentario, atravesado por el flujo sanguíneo y hormonal de la madre, vive en un estado de indiferenciación total con el cuerpo materno.

Podemos llamar a este estado "fusional" o de completud, como lo hacen Lapierre y Acouturier, pues no existe allí necesidad alguna ni discontinuidad entre medio interno y externo. No hay por lo tanto ni necesidad, ni tiempo de espera, ni frustración. El nacimiento va a desprender a la criatura de ese medio uniforme y continuo creando así una pérdida de la completud intrauterina. A partir de ese momento serán los "fenómenos" de este nuevo medio –el mundo– los que envuelvan su cuerpo como antes lo hacía el líquido amniótico.

Una gran cantidad de sensaciones nuevas que tienen, cuyos estímulos provienen del exterior y del interior –aún no diferenciados– de su organismo, penetrarán su cuerpo de forma indiferenciada y caótica. En total indiferenciación con su entorno, sus primeras experiencias son sensoriales y motrices, vividas como dispersas, múltiples y sin relación entre sí. La no constitución aún de un Yo Corporal unificado, que diferencia un adentro de un afuera, hace de esta etapa una experiencia de *fragmentación*, es decir de no-integración primaria.

La luz, la temperatura el contacto con el cuerpo de lxs otxs y con objetos, el sonido –ya no mediado por el líquido amniótico sino por el medio aéreo– como estímulos provenientes del exterior, y las sensaciones uretrales, orales, anales, abrirán paso a una nueva experiencia.

Respirar y tragar aparecen como funciones vitales ligadas al tiempo. La aparición de la necesidad y la demora –que exige una espera hasta la llegada de la satisfacción– ligada a la experiencia de vacío, hacen, para algunxs autores, del humano un ser sufriente dependiente de otrx para sobrevivir.

Sin embargo, toda esta ruptura y discontinuidad no serán suficientes para la conformación de una experiencia diferenciada entre un adentro y un afuera, entre y yo y un medio exterior a él. Durante un tiempo la experiencia del bebé con su entorno continúa, como dijimos, siendo fusional y por lo tanto indiferenciada. Así, el cuerpo del bebé no se distingue de aquello que lo toca; todo lo que entra en contacto con su cuerpo pasa a formar parte de él. Es lo que en Psicoanálisis se hace referencia en los conceptos de "cuerpo fragmentado" y de "fantasma de fragmentación". Al no tener una imagen o experiencia de su cuerpo en forma total, tampoco puede tener experiencia de la totalidad de los otros cuerpos. Sin "periferia" configurada vive en permanente fusión parcial con los objetos que lo tocan.

La diferenciación entre medio interno y medio externo se funda en una disociación perceptiva que no se encuentra disponible al nacer sino que se irá construyendo en la trama que reúne desarrollo orgánico y experiencia. Este reconocimiento se irá configurando con el desarrollo incipiente de su sensorialidad donde las necesidades comenzarán a ser reconocidas como provenientes del interior y la satisfacción como proveniente de afuera. Gratificaciones y frustraciones serán vividas desde el comienzo de la vida como experiencias emocionales y se entraman desde un inicio con el origen de la sensorialidad.

Una programación orgánica propia de la especie se irá habilitando y una experiencia dependiente de las condiciones que le brinde su entorno, irá tejiendo la historia del sujeto. La maduración orgánica habilitará las funciones de la percepción: distinción de mundo interno y mundo externo; la cual se funda en las primeras experiencias de que discriminan un adentro

–fuente de la necesidad– y un afuera de donde proviene la satisfacción. Sensaciones del propio cuerpo –propioceptivas e interoceptivas– y sensaciones provenientes del exterior –exteroceptivas–[34] fundarán su diferenciación en la persistencia de la estimulación que harán de esta una experiencia que irá marcando la frontera entre un adentro y un afuera.

Dichas experiencias de orden corporal serán la base de la *diferenciación o discriminación* que le permitirán el desarrollo de la constitución de un Yo Corporal que, delimitando un mundo interno y un mundo exterior a él, será el asiento de la construcción de la identidad producto de la relación dialéctica entre ambos.

A los seis meses el bebé ya alcanza una cierta experiencia de su individualidad, sabe que hay un adentro y un afuera, que la madre existe fuera de él con sus propios estados de ánimo, y modos de ser. La separación de aquel estado de completud experimentado en la vida intrauterina y tiempo después de nacer, dejará un *vacío* instalado entre el bebé y el cuerpo de quien materne como fuente de satisfacción orgánica y afectiva. Dicho espacio vacío, o *espacio fusional* –al decir de Lapierre y Acouturier–, o *espacio transicional* –según Winnicott–, será a la vez espacio de *separación* y espacio de *encuentro* y de *acción común*.

Las primeras manifestaciones orgánicas de necesidad, como la mirada, el llanto, los gemidos, las reacciones tónicas, serán las que atraviesen ese espacio vacío de separación rumbo al encuentro. Quien cumpla la función materna, por un lado resonará empáticamente con su cuerpo e inconsciente con el cuerpo del bebé, y al mismo tiempo dará a esas manifestaciones orgánicas un sentido y un significado, transformándolas en signos que constituirán el punto de partida de toda comunicación.

La expresión espontánea y no verbal de las primeras experiencias corporales y emocionales conformará lo que podríamos llamar un *lenguaje arcaico* compuesto de miradas, gestos, modulaciones tónicas, expresiones sonoras que se constituirán en *mediadores de la comunicación* que nos permiten sortear el espacio de separación posibilitando el encuentro con lx otrx. Serán, como afirman Lapierre y Acouturier, el punto de partida de todos los lenguajes abstractos presentes en el Arte y también de la palabra.

---

34 Aunque para algunos autores, como A. Lapierre, todas las sensaciones son de algún modo propioceptivas en el sentido en que impactan en el "interior" del cuerpo donde se encuentran los receptores.

Podemos pensar, entonces, que es el desafío de la pérdida del cuerpo de lx otrx lo que dará paso al lenguaje.[35]

Así, en la edad adulta, el pensamiento, el lenguaje verbal y los lenguajes estéticos nos permiten el encuentro con lxs otrxs, produciendo muchas veces una reedición de aquellos estados fusionales primitivos, a través del co-pensar, co-sentir y participar de experiencias compartidas. La búsqueda fusional se constituye en el potencial de hacer con otrxs.

Percepción, expresión y comunicación

Lapierre y Acouturier nos dicen que "al mismo tiempo que se organiza la percepción, se desarrolla la necesidad de comunicarla" (1974: 20). Esta necesidad constituye la motivación, de la cual van nacer todos los medios de expresión abstractos. Una situación, una noción, una relación que ha sido vivenciada –afirman estos autores– puede siempre ser *expresada...*

- *por medio del gesto:* gesto que puede tener un valor simbólico más o menos elaborado, y que deriva en su forma artística en la expresión corporal, el teatro, el mimo y la danza;
- *por el grafismo*:
  - grafismo simbólico, que utilizando el trazo o el color nos guiará hacia la expresión gráfica o el arte abstracto,
  - grafismo racional, de espíritu "matemático", que nos conducirá hacia la topología, la geometría o la relación matemática;
- *por el sonido*: que nos llevará a la expresión sonora y musical;
- *por el lenguaje verbal*: que desembocará en los estudios de vocabulario, de expresión lógica o gramatical y de expresión escrita.

Posteriormente, y toda vez que esas formas de expresión tienen un denominador común, podremos pasar indiferente de una a otra, transformar el grafismo en sonido, vivir el vocabulario o la gramática, matematizar un rítmo sonoro... etc.

---

35 Paul Watzlawick, basándose en la Teoría General de los Sistemas, también hace referencia al lenguaje no verbal. En su libro *Teorías de la comunicación Humana* (2011) nos habla de dos tipos de lenguaje: el digital o verbal y el analógico basado en los gestos, la mirada, el tono de voz que acompañan la palabra e incluso a veces la reemplazan.

Cuerpo y educación

La percepción nos permite conocer lo que sucede tanto en el mundo exterior como en lo interno de nosotrxs mismxs y es previo al lenguaje sobre el que se funda el pensamiento. Podríamos introducirnos en este punto en la observación de los métodos de enseñanza en todos los niveles educativos.

Más allá de los enunciados de las más variadas líneas pedagógicas, en términos generales, podemos observar en la práctica de la enseñanza instituida cómo el paradigma dualista continúa vigente, dejando de lado la vía sensorial y perceptiva como camino de acceso a la construcción del conocimiento.

El estigma de nuestra cultura, que sobrevalora las adquisiciones de saberes lógicos de pensamiento racional, lineal, está grabado muy profundo en cada unx de nosotrxs; y se nos aparece a modo de fallido en la práctica de nuestras profesiones. La cultura occidental continúa dudando de toda percepción y de la participación –inevitable– de la subjetividad como aporte a la construcción de conocimiento. La información que nos proporciona no resulta "confiable" por lo cual se la valoriza en forma negativa o no se la tiene en cuenta, propio del paradigma dualista hegemónico de Occidente.

En el plano educativo se priorizan las actividades intelectuales, a partir de un dualismo iniciado en la Modernidad de Occidente por Descartes, desarrollando y valorando solo el logos racional. Pero existen otras formas de inteligencia, además de la lógica racional, centrada en el pensamiento, es decir, en el plano de la actividad mental. La emocional, la corporal, la kinestésica, la visual, la sonora, la interpersonal y la transpersonal que son descartadas en los procesos de aprendizaje. Aquí se encuentra una de las claves de descartar un enfoque basado en lo sensorio-motriz y perceptivo con sus tramas afectivas en los procesos de enseñanza y producción de conocimiento, lo cual implica desconsiderar "la vía del cuerpo" como camino para el aprendizaje. Disociación y separación fatal de los aspectos cognoscitivos, perceptivos, motrices y emocionales, cuando en verdad configuran una unidad de integración.

Pese al intento de plantear nuevas propuestas en Educación que pretenden implementar el juego, la expresión, la creatividad, para una gran mayoría de docentes estos "contenidos" se convierten en meras "actividades" y siguen siendo simplemente recreativas o medios para la "descarga", y ocupan por lo tanto un lugar secundario. Tocar, oler, saborear, moverse, en síntesis, "poner el cuerpo" despierta fantasmas de caos y desestructuración en algunxs maestrxs, que en verdad no son más que proyecciones de sus propios miedos a cambiar, a recrear su práctica y con ello a sí mismxs.

Unx maestrx que tampoco fue formadx desde esta posibilidad, puede poco menos que desechar esta forma de abordar la enseñanza considerándola, además, poco operativa e irruptiva respecto al orden naturalizado de los modos de aprender en las aulas de las Instituciones Educativas.

Solo se le ha permitido integrar el sentido de la "vista" y el "oído", y solo así registra a sus estudiantes. Del mismo modo "solo así" permite que sus estudiantes registren el mundo. Mirando, escuchando, repitiendo, memorizando. Palabras, ideas, conceptos, abstracciones… Aun con las mejores intenciones esto no podrá a dar nunca como resultado un verdadero conocimiento basado en la apropiación del saber ni mucho menos dará lugar a la tan deseada adquisición de "juicio crítico" respecto de la realidad.

Proponemos una educación multisensorial, que incluya y entrame no solo la vista y el oído, creando metodologías basadas en la lecto-escritura, sino también lo auditivo, lo táctil, lo kinestésico, lo gestual, la percepción del propio cuerpo, como experiencias productoras y transmisoras de conocimientos.

En el proceso de nuestra cultura occidental, el lenguaje verbal fue ocupando el lugar central, estableciendo una relación de equivalencia entre lenguaje y verbo –reduciendo la noción de lenguaje exclusivamente a la palabra– y está ligada al pensamiento, la racionalidad y finalmente la escritura.[36] De modo tal que estudiar el lenguaje implica, desde este enfoque, analizar la escritura y desembocar en ella. En forma cerrada el binomio racionalidad-verbalidad es excluyente de otras semiologías.

El contexto actual nos exige tener en cuenta la convergencia de lenguajes y signos en una escena de hibridación y mixtura que cambia las condiciones de producción de sentido en un mundo plurisemiológico. Las considera-

---

36 Pérez Tornero, en su artículo "La nueva competencia comunicativa en un contexto mediático", publicado en el libro *Comunicación y educación en la sociedad de la información*, responsabiliza al establecimiento casi axiomático de la ecuación lenguaje verbal = pensamiento, a la vulgarización de las ideas de Sapir y Whorf. "La reducción macroscópica a la que hemos asistido –afirma–, y de la que aún no se ha recuperado nuestro sistema académico era la siguiente: de entre el conjunto de símbolos, imágenes y señales que pueden poblar nuestro cerebro, se seleccionaban solo las palabras como recipiendarias del pensamiento. De los procesos asociados con diferentes lenguajes, símbolos e imágenes cerebrales, se valoraban los exclusivamente relacionados con lo verbal. De modo que racionalidad viene a ser sinónimo de verbal. Y finalmente (…) se pasó a prestar importancia casi exclusiva a las situaciones de comunicación relacionadas con los procesos escritos" (2000:95).

ciones didácticas tarde o temprano se verán exigidas de una actualización en el sentido que la actualidad reclama. Deberán ineludiblemente superar la inercia académica y construir un enfoque que reconozca la existencia de nuevas semióticas de tipo sincrético donde participan múltiples lenguajes: de la imagen, de los gestos, de las formas, del espacio, del movimiento, del cuerpo; que constituyen el marco de comunicación en la cotidianeidad que nos atraviesa.

Desde esta perspectiva el estudio de los lenguajes no debiera limitarse a un análisis lineal de sus aspectos formales, sino apuntando a observar su *capacidad productora* de universos simbólicos, afirmando la existencia de una capacidad semiótica general que debería centrar los esfuerzos didácticos sobre la consideración de aportes interdisciplinares.

Asimismo, la Didáctica y Metodología de Enseñanza específica de los lenguajes artísticos no puede quedar de ninguna manera retrasada de estos avances, de lo contrario la práctica docente reproduciría instancias regresivas que resultan inútiles en el marco contemporáneo. La práctica de la enseñanza debería estar dirigida al *nuevo sujeto histórico* que emerge en el marco de una nueva mentalidad, una nueva sensibilidad y de una nueva sentimentalidad.

Un concepto más integral podría modificar las prácticas docentes y la currícula escolar, donde los lenguajes se explicarían como una práctica introduciendo a los sujetos en la experiencia vital que ella propone. Mi propuesta se encuadra con el pensamiento que sugiere *repensar la Educación* ampliando este concepto en el marco contemporáneo donde lxs estudiantes no solo leen y reciben información por medio de palabras, sino a través de imágenes, lenguajes icónicos, corporales, gráficos, cinéticos, simbólicos y otras incorporaciones estrechamente vinculadas a los lenguajes artísticos.

Un concepto de *educación artística* implica ligar el aprendizaje del arte con los desafíos del mundo actual, promoviendo el pensamiento crítico y actividades interdisciplinarias como experiencia reflexiva y creativa. Desde esta perspectiva, la Educación, debería proveer enseñanza en Artes del mismo modo que provee enseñanza básica en lectoescritura. Generando contextos de experiencia en Artes, distribuidas en el tejido social promoviendo el ser sensible en el mundo y devenir en sujeto creador y transformador-productor de la realidad.

La práctica artística, como objetivo de la Educación Artística, se presenta entonces, como la vía regia para desarrollar las potencialidades expresivas, creativas, comunicativas y como una práctica que mediatiza la relación sujeto mundo, facilitando la comprensión y apropiación de conceptos, ideas y nociones en el marco de la acción concreta. Es entonces un espacio de desarrollo del pensamiento y de las capacidades cognoscitivas sostenido en un concepto de unidad del ser que integra cognición, percepción, afectividad y acción, razón y deseo. El Arte es facilitador y promotor de nuevas conductas, estructuras de pensamiento, modos de simbolización y capacidades de abstracción; involucrando capacidades cognitivas, metacognitivas, perceptivas, sensitivas, afectivas, sociales que permiten realizar la personalidad; el *Yo en el mundo*. Y en esta interacción, ambos se construyen.

El proceso creador permite que tanto lxs niñxs como lxs adultxs puedan "apropiarse" del conocimiento y de la realidad al verse "implicadxs" en su construcción y en su transformación permanente. Se trata de un conocimiento "encarnado".

Sobre la base de considerar al ser humano como un ser biopsicosocial e histórico, el proceso creador y expresivo que la enseñanza de la práctica del Arte lleva implícito, puede entenderse como un dispositivo necesario para la construcción de estrategias pedagógicas en el marco de una concepción del aprendizaje activo y en la consideración de lxs estudiantes como sujetos del aprendizaje, tanto en el contexto específico de la Enseñanza Artística como de aquello que esta, desde su especificidad, pudiera aportar a otras áreas curriculares.

Promotor de distintos modos de acercamiento al objeto, distintas perspectivas de un mismo hecho, interrogador de viejas certezas, revelador de supuestos implícitos, integrador de la diversidad; el Arte y la actitud creativa convocan y provocan nuevas perspectivas de análisis y con ello da lugar a nuevas alternativas de intervención en la realidad. Contribuye a la formación de sujetos creadores y partícipes activxs en la construcción de realidad que por medio de la "adaptación activa" –que transforma obstáculos en situación de aprendizaje– articulan el ser sujetos producidos y productores de cultura. Experimentando otras relaciones entre Ley y Libertad, Caos y Cosmos, el Vacío y lo Nuevo. Articulando realidad y fantasía, libertad y límite; intelecto, sensorialidad y afectividad, proyecto y acción. Restituyendo el deseo y el placer en la búsqueda y producción de conocimiento.

Percepción, arte y participación

Durante el lapso en que vivimos dentro del cálido vientre materno toda modificación –sea que adopte la forma de sonidos, cambios de temperatura, modificación de ritmos, suaves o bruscas presiones, movimientos– "penetra", literalmente, en el cuerpo del feto y es registrada por el organismo produciendo las adaptaciones necesarias para seguir con la tendencia de sobrevivir y evolucionar.

Después de la salida del vientre, este tipo de señales sigue siendo nuestra forma de comunicación con el medio. Durante bastante tiempo seremos seres sensoriales. Recibimos al nacer los primeros estímulos del ambiente, sensaciones placenteras o displacenteras que se irán agrupando en amenazantes o protectoras, a las que el organismo del bebé, simplemente "reacciona" con movimientos, sonidos y contracciones tónicas.

El primer diálogo con la madre, aún en el período fusional donde la "separación" apenas se va esbozando, es el diálogo tónico, y se da en el encuentro cuerpo a cuerpo. Posteriormente las señales espontáneas del organismo van a ser codificadas primero y decodificadas luego, cada vez, de modo que adquieren el valor de "signo". Así, la expresión espontánea del cuerpo del bebé transcurre hacia la representación y la comunicación voluntaria, a través de gestos, miradas, sonidos, modificaciones tónicas. Podemos ver entonces en la percepción la raíz de toda comunicación.

Con posteridad, una vez más avanzada la separación, instaurando el vacío entre el cuerpo del bebé y la madre y comenzado el estadio del espejo donde la imagen del cuerpo del bebé comienza a especializarse y unificarse, evoluciona la capacidad de simbolización, dando lugar a la aparición del lenguaje. El lenguaje verbal, la palabra, que culturalmente se ve priorizada frente a los demás modos o vías de comunicación no pierde, sin embargo, su asiento en el cuerpo.

Por un lado nuestro cuerpo "da sentido" a esas palabras que oímos, leemos o pronunciamos. En su libro *El cuerpo*, el sociólogo francés M. Bernard nos dice que "la palabra 'duro' provoca una especie de rigidez en la espalda y el cuello y solo secundariamente se proyecta al campo visual o auditivo para asumir su figura de signo o vocablo" (1980: 73). Nos explica, además, la articulación entre el cuerpo, la naturaleza y la cultura presupone la existencia de un sentido de *unidad*. "Por una parte –dice– entre los cinco sentidos; por otra entre los cinco sentidos y el movimiento, es decir, el sentido kinestésico y, por fin, entre esta sensoriomotricidad y la palabra" (1980: 73).

También es importante observar que el cuerpo y su expresión gestual acompañan inconscientemente –ya sea confirmando, remarcando o des-mintiendo– aquello que decimos con palabras. En este sentido, podemos afirmar que el cuerpo confirma o delata lo que decimos. En esta dirección,

M. Bernard nos dice que "para el espectador la palabra asume el gesto y el gesto asume la palabra" (1980: 74).[37]

El arte ha jugado desde siempre con este aspecto de la percepción en su función de comunicación, proponiendo otros modos más allá del verbal. La pintura, la escultura, la música, el mimo, la danza, el cine, el teatro y las diversas performances cuentan con los sentidos como aliados principales para crear otros espacios de encuentro quebrando la cotidianeidad. La misma poesía abre la palabra convirtiéndola en sensación pura.

D. Calmels (1997:20) cita un episodio comentado por Tudor Vianu en su libro *Problemas de la metáfora*, sobre la reflexión de un niño que, luego de haber probado por primera vez en su vida un vaso de soda, refiere a su sabor diciendo: "la soda, tiene gusto a pie dormido". De este modo Calmels subraya el estrecho vínculo entre sensación y metáfora.

M. Bernard insiste reiteradamente en el entrecruzamiento de la actividad sensorial en nuestro cuerpo gracias al sentido de unidad cenestésica, donde cada estímulo involucra nuestro cuerpo como ser en el mundo. De modo que es capacidad del sistema sensorial, y más específicamente de la dupla percepción-acción, asociar sensaciones y establecer complejas conexiones que formarán parte de la construcción del conocimiento sobre el sí mismx y sobre el mundo. Por ejemplo, entre sensaciones kinestésicas, auditivas y visuales, puestas de manifiesto en la danza a través de la relación música-movimiento. Lo mismo sucede entre las táctiles y visuales que nos permiten tocar con la mirada y crearnos una imagen a través de la información que nos brinda el tacto. Así como entre las gustativas y cenestésicas, como nos muestra el relato de Calmels.

La relación que establecen lxs espectadores con la obra o con lxs actores, bailarines, performers, su participación, el goce estético, tienen por lo tanto un fuerte asiento en la experiencia perceptiva motriz que será la base de la experiencia del pensamiento en que se fundamente la reflexión posterior.

En su libro *La escena en acción*, Samuel Selden expone la relación entre los aspectos fisiológicos de la percepción con los subjetivos, sobre cuya base se va a construir una determinada apreciación de la obra, y un determinado grado y modo de participación. Manifiesta que por medio de la dimensión sensorio-motriz de lxs espectadorxs, el organismo responde

---

37 Es importante comentar que Michel Bernard es un sociólogo francés que no solo ha centralizado parte de sus trabajos en el cuerpo sino también en el campo de las artes escénicas. En tal sentido, recomiendo la lectura de su trabajo "El imaginario germánico del movimiento o las paradojas del 'Lenguaje de la danza de Mary Wigman'", en el libro *Tendencias interculturales y práctica escénica* (1994:83).

dinámicamente, con todas las partes de su ser, ante los estímulos que recibe. Nos dice que el espectador responde con todo su cuerpo. Mediante la percepción logra "sentir", tanto objetos como emociones y pensamientos. Su cuerpo implicado de este modo le permite reflexionar y elaborar juicios *a posteriori*. La actividad del pensamiento, actividad mental, tiene su asiento en el cuerpo y no podría realizarse ninguna actividad sin la cooperación y la interrelación con todas las demás partes y funciones del cuerpo. El acto de percibir, que desemboca en la participación, es –según Selden– el prólogo de la intelectualización.

Pensamos acerca de lo que percibimos. Lxs espectadores u observadores llegan a comprender la obra no solo con su intelecto, sino también, y principalmente, con el cuerpo. Aquello que percibe es el fundamento de su apreciación intelectual y, según afirma Selden, el pensamiento solo se enriquece donde hay una sensación adecuada.

Refiriéndose a los críticos de las artes que él llama dinámicas (música, danza, teatro), sostiene que estos no han sabido valorar debidamente los fundamentos sensoriales, y refuerza este criterio adhiriendo a las palabras de John Martin, crítico de danza del New York Times:

> La educación ha hecho un fetiche del intelectualismo y no ha atribuido valor a los recursos del cuerpo. Pero el intelecto, como actividad independiente, carece de valor. A menos que se le dé, material de trabajo, no tiene poder y no puede por sí solo establecer contactos con el mundo exterior. El intelecto depende del instrumental sensitivo y motriz para enfrentarse con los problemas que plantea el individuo en relación con su ambiente. De otro modo, tiene que enfrentarse con la abstracción o el aderezo de testimonios del pasado. (Selden, 1972: 233)

Lxs espectadorxs

En su *Diccionario de Teatro*, P. Pavis indica que lxs espectadorxs fueron consideradxs durante mucho tiempo como un mero añadido y hoy en el contexto del arte contemporáneo pasan a ser el eje central de la estética de la recepción. A partir de la ruptura generada por las vanguardias, la reflexión en torno al rol de lxs espectadorxs lxs ubica en la responsabilidad de completar una obra que se presenta abierta; su lugar será considerado no ya en el orden de una expectación pasiva sino como partícipes activos. Se presentan, de esta manera, implicados en la producción de sentido de la obra, y este trabajo que debe realizar repercute a su vez en la representación. Así nos lo dice Brecht cuando afirma que el público regula la representación.

Es la mirada de lxs espectadorxs la que otorga sentido a la obra en un trabajo que se inicia en la experiencia directa entre quien observa y la obra, a través de los sentidos y la percepción; es decir, del cuerpo. La percepción es el punto de partida de dicho proceso de captación y, como dice Pavis, la experiencia de lxs espectadorxs occidentales se centra en imponer una distancia entre ellxs y la obra, limitándolxs a la actividad de escuchar y mirar sin intervenir. De este modo, el sentido de la vista y del oído quedan privilegiados frente al resto de la actividad sensorial de la que disponemos.[38]

En verdad este centramiento en lo auditivo y en lo visual forma parte de un modo impuesto veladamente que la cultura de occidente imprime en los cuerpos normalizando una forma de relación del ser humano con el mundo. Sin embargo, podemos afirmar que nuestro sentido del tacto también participa en la captación de la obra. Mas allá de funcionar como una proyección de la vista –tocar con la mirada– la tactilidad participa como parte del sentido kinestésico a través de la percepción del movimiento produciendo la activación de la sensorialidad en pleno.

John Martin (1966:48) afirma que la comunicación entre lxs actorxs y lxs espectadorxs se sostiene en la percepción kinestésica,[39] gracias a la cual lo que lxs observadorxs reciben como estímulo por parte de la obra resuena en sus cuerpos. "En el cuerpo del espectador se da una respuesta kinestésica –nos dice–; éste reproduce, en sí mismo, y en parte, la experiencia del bailarín" (cit. en Pavis, 2003:113). Llama como *metakinesis* (1991:60) a la correlación existente entre lo físico y lo psíquico, a lo que considera "dos aspectos de una única realidad fundamental" (cit. en Pavis, 2003:270). Al mismo tiempo, Pavis nos habla de la participación de una *memoria corporal* "que la danza suscita a través de los cambios de estabilidad, de equilibrio, de tonicidad, nos recuerda nuestra historia personal, inscripta en nuestro cuerpo y constantemente activada por el espectáculo" (2003:332). De este modo, el sujeto de la percepción participa activamente en lo que llamaremos un proceso de apropiación de la obra. Integrando percepciones heterogéneas, reuniendo lo cognoscitivo y lo sensible, en un desarrollo

---

38 Los sentidos del olfato y el gusto, también relegados en el arte occidental, se encuentran sin embargo presentes en las formas populares donde la el arte y la fiesta mantiene su trama original y el espectáculo se mezcla con la ingesta de alimentos y bebidas. Pavis menciona, además, espectáculos contemporáneos que rompen con la exclusión de estos dos sentidos. Menciona el Teatro Olfativo (Paquet, 1995) u otros espectáculos donde se prepara y consume comida, como en el Faust Gastronome de R. Schechner o el Risotto del Politécnico de Roma.

39 La sensibilidad kinestésica es la que nos permite reconocer la posición y el movimiento del cuerpo en el espacio.

en el que los cuerpos de lxs espectadorxs pasan a ser el lugar estratégico donde transcurre la experiencia del hecho artístico, en lo que este tiene de complejo e irreductible.

En *El análisis de los espectáculos*, P. Pavis dice que para un análisis de las artes, sobre todo en el contexto de producción contemporánea, se hace indispensable la renovación de las teorías. Esta renovación incluye el aporte de la fenomenología que subraya la participación de la percepción como un acto constructivo por parte de lxs espectadorxs y no meramente receptivo. Ya se trate del pensamiento conceptual, o de la mirada sobre la pintura o la representación teatral, el ojo y la mente son activos, no registradores (Pavis, 2000: 43).

Lxs espectadorxs inician su encuentro con la obra en un *cuerpo a cuerpo,* que lxs sumerge en la experiencia estética y en el acontecimiento material. Al encuentro con una tensión, un gesto, un movimiento, un sonido, un color o una forma, se impregna de un universo que se les presenta como cosas en *su estar ahí* antes de reducirse al estado de signo abstracto. Para tener una experiencia estética de un espectáculo de circo o una performance hay que dejarse impresionar, según Pavis, por su materialidad y no empeñarse en atribuirle un sentido. Se trata de compartir la experiencia ubicadxs en el sentir, anterior al pensar.

La mirada subjetiva de lxs espectadorxs, para este autor, remite a una manera de experimentar *estésicamente* la dinámica del espectáculo. Un seguir corporalmente el pensamiento-en-acción a través del registro –en su propio cuerpo– de las sensaciones provocadas por las variaciones, las tensiones, los movimientos de lo percibido. Pero tarde o temprano, como nos advierte, el deseo –desde un enfoque psicoanalítico– vectorizará la materialidad y la transformará en significado. Leer los signos del espectáculo supone, así, paradójicamente, resistirse a su sublimación, pero ¿durante cuánto tiempo?

Al considerar el compromiso de lxs espectadorxs en la construcción de sentido y en la elaboración del mismo, no se puede dejar de lado la consideración de la manera en que los contextos sociales, culturales y económicos constituyen y anclan los signos. La compleja pero evidente articulación entre lo sensorial y la construcción de sentido requiere, para Pavis, la aplicación de disciplinas como la sociología y la antropología, superando la rigidez de instrumentos puramente lingüísticos y semióticos, confluyendo en la configuración de una *sociosemiótica* y una antropología cultural aplicadas al Arte que nos permitan superar las visiones etnocentristas.

La propuesta de Pavis subraya la necesidad de una renovación de las teorías para construir un instrumento que sea válido para el análisis de los espectáculos en el contexto contemporáneo. Gira en torno a la conformación de modelos de análisis flexibles que aborden tanto la producción como la recepción, y que integren tanto una mirada fenomenológica –que se presenta al mismo tiempo como una teoría de la acción y de apropiación del espectáculo por quien lo percibe– como una semiología que dé cuenta de las marcas ideológicas presentes en la construcción de los signos. Pavis apuesta al enriquecimiento de la semiología –luego de las corrientes críticas a este enfoque– con los aportes de la sociología y el psicoanálisis en la idea de pensar los significantes a la "espera de significados posibles" donde el deseo y el cuerpo cumplen un papel importante en la vinculación de redes de signos y en "la perspectiva de una antropología del actor y del espectador".

Incidencia de las nuevas tecnologías

Si partimos de la idea de considerar al ser humano como un ser en situación, ligadx al mundo por un entrecruzamiento o "encabalgamiento" entre su cuerpo y la realidad material y simbólica de su contexto, tal como nos lo plantea Merleau Ponty, no podemos dejar de pensar en la influencia que ejercen las nuevas tecnologías en la construcción de subjetividad y de corporeidad. Como venimos viendo y justificando a través de diversxs autores, las subjetividades, los cuerpos y la percepción cambian ligados a las condiciones de existencia, que en su modificación ejercen un impacto sobre los modelos perceptivos. Las relaciones ser humano-mundo están sujetas a evolución histórica y los cambios tecnológicos sucedidos en los contextos influyen en nuestra manera de percibir y concebir la realidad. Estamos inmersos en una vida cotidiana que nos ofrece una diversidad de instrumentos –computadoras, fotografía, teléfonos, cine, video– que nos permiten operar en el mundo, comunicarnos y pensar. Las nuevas tecnologías nos ofrecen un nuevo lugar –a través de nuevos medios– desde donde captar al mundo y proyectarnos en él. Ante el impacto de estos cambios, que generan nuevas estructuras y posibilidades, los modelos perceptivos se van modificando.

Desde este perspectiva P. Pavis (2000: 59) se pregunta hasta qué punto los cuerpos de lxs espectadorxs y actorxs o bailarínxs han quedado afectados y modelados por las nuevas tecnologías. Para este autor, el impacto de estas mutaciones no es tan fisiológico como neurocultural: nuestros hábitos de percepción han cambiado, sobre todo porque la manera de producir y de recibir arte ha evolucionado. Los nuevos modelos mediáticos y su influencia llegan a la esfera de las Artes a través de la integración de nuevos conceptos estéticos ligados a un nuevo contexto de producción de obra. Una nueva subjetividad se pone en escena en un proceso de decantación donde podemos observar cómo las prácticas de la cultura se van sedimentado en los cuerpos: de lxs autorxs, de lxs intérpretes, de lxs espectadorxs y en la obra.

CAPÍTULO 4

Representación mental del propio cuerpo

Tal como venimos desarrollando, el ser humano obtiene representación interna, de sí mismx y del mundo; y esta representación se construye en íntima relación con la percepción. Gracias a la percepción, también es que nos formamos una imagen mental de nuestro propio cuerpo que será referencia del sentimiento de mismidad y estructuración que nos hace posible la acción en el mundo. Cada unx de nosotrxs obtiene una imagen de su propio cuerpo en un entrecruzamiento donde el cuerpo adquiere representación psíquica y lo psíquico halla en el cuerpo un lugar donde representarse.

En un sentido general podemos decir que la Imagen Corporal remite a la representación psíquica que tenemos de nuestro propio cuerpo. Para considerar la compleja textura que da lugar a la construcción de la imagen del cuerpo que cada uno tiene de sí mismo es necesario utilizar la plataforma que venimos desarrollando que nos dice que cuerpo responde al orden social propio de lo humano: es significado por el grupo familiar y por el orden social y esta relación significante dejará huellas en el psiquismo que quedan inscriptas en el cuerpo y su representación interna −Esquema e Imagen Corporal−.

Para referirnos a la Imagen Corporal tomaremos tres conceptos que abordan el tema desde distintas perspectivas y orientaciones teóricas. *Esquema Corporal*, desde un enfoque fisiológico, *Imagen Corporal* en un intento de Schilder por conciliar[40] algunos puntos del psicoanálisis con la psicología

---

40 Schilder recibió fuerte crítica justamente por este intento de conciliar enfoques teóricos para algunos imposibles de redimir. De modo que se le plantea la objeción de haber logrado solo una yuxtaposición con recortes de enfoques específicos sin lograr producir una nueva unidad teórica firme. Sin embargo, el trabajo de Schilder es importante por su aporte referido a la plasticidad de la Imagen Corporal y su intento de despegar el concepto de un enfoque positivista sostenido solo en

de la Gestalt y con los enfoques fenomenológico, biológico y social, y por último la concepción de *Imagen Inconsciente del Cuerpo* desarrollada por F. Doltó desde la teoría psicoanalítica.

En estos tres conceptos la percepción, la conciencia y lo que no alcanza a configurarse en ella, son considerados o excluidos, dando cuenta de un *discurso* que, en torno a la imagen del cuerpo, remite a una forma de concebir lo humano y responde a lineamientos teóricos diferentes.

Esquema corporal

El tema de la representación mental de nuestro cuerpo nos remite a considerar por un lado el cuerpo como objeto de nuestra propia percepción y conciencia, y a su vez la configuración de una imagen que también se presenta como objeto de nuestra conciencia. Imagen del propio cuerpo a la que podemos pensar como la síntesis de percepciones, afectos, representaciones sociales y acciones vividas. En este sentido, serán dos los conceptos que abordan esta problemática: la noción de Esquema Corporal y la de Imagen Corporal.

El concepto de *esquema corporal* va a referir a la representación interna que cada uno tiene de su propio cuerpo en cuanto a configuración anatómica. Es decir, expresa la dimensión biológica del cuerpo. Imagen del organismo, sostenida ella misma en la estructura material que lo orgánico otorga, y deja huella en el córtex. Busca las bases biológicas de la imagen que tenemos de nuestro propio cuerpo, que remite al individuo en el orden de la especie y del cual este puede tener "conciencia". Dicha imagen se constituye a partir de la información aportada por el sensorio, es decir, por todo aquello que impacta a nuestros sentidos y a nuestra sensibilidad interna. La fuente a partir de la cual se construye el Esquema Corporal es perceptivo motriz, y será en base a estas experiencias que se forma una imagen mental de nuestro cuerpo que nos permite localizar las partes y organizar la postura. El Esquema Corporal se presenta, de este modo, como una estructura que organiza los datos sensoriales configurando una imagen de nuestro cuerpo que da sostén a la experiencia que nos permite el conocimiento del cuerpo propio y el uso instrumental del mismo en el mundo.

---

nociones fisiológicas que intentan definir al ser humano exclusivamente por su realidad biológica. Además, nos interesa pensar su aporte como testimonio de una época y de un sistema de representaciones sobre el que se sustenta el pensar al ser humano y al mundo.

Schilder nos dice que el concepto de Esquema Corporal remite a una imagen topográfica (topos = lugar), y por lo tanto *espacial* y tridimensional de nuestro propio cuerpo que nos permite la *localización* de las partes en movimiento y en reposo y el conocimiento de la posición que ocupa nuestro cuerpo en el espacio exterior a él, así como el reconocimiento de los límites del cuerpo y de lo que sucede dentro del espacio interno a través de las percepciones corporales.

La noción de Esquema Corporal nos habla de una estructura organizada basada en la experiencia perceptiva que se constituye en una representación mental de nuestro cuerpo. Esta es una imagen –o *representación mental*– referida al organismo (cuerpo físico) que deja una *huella cerebral* (corteza cerebral motriz) a modo de *mapa* cerebral (homúnculo).

Forma una *estructura* configurada por la experiencia sensoriomotriz tomando solo los aspectos de esta experiencia que llegan a la *conciencia* y crean una cierta conciencia corporal.

El Esquema Corporal funciona, entonces, como una *estructura* que da sostén a la experiencia cenestésica, definida por Reil a principios del siglo XIX como una forma global de conciencia corporal que proviene del cúmulo de sensaciones que constantemente afectan a nuestros sentidos.

Según nos dice M. Bernard en su libro *El cuerpo*, los primeros estudios del siglo XIX que dieron base para la definición del Esquema Corporal parten de interrogarse acerca de cómo es que tenemos conocimiento de nuestro propio cuerpo, su posición, la localización de los segmentos, y todo aquello que nos permite una apropiación instrumental del mismo en relación con el mundo. Así, las primeras investigaciones parten de la búsqueda de una "estructura" mental que de sostén a la experiencia sobre la cual se funda el conocimiento del propio cuerpo. El enfoque utilizado en el comienzo es de corte netamente positivista y exclusivamente fisiológico, y nos brinda por lo tanto un *modelo fisiológico* desde donde hablar sobre la imagen que tenemos de nuestro propio cuerpo.

Este modelo teórico inicial no incluye la experiencia subjetiva en cuanto a las relaciones sensorio-afectivas ni a las matrices socioculturales en las cuales se construye la subjetividad ligada a modelos sensoriales propios de cada cultura. No olvidemos que al inicio de estos estudios la Psicología solo se ocupaba de los aspectos conscientes concernientes al funcionamiento de la mente, y que el Psicoanálisis surgirá tiempo después hablando de los componentes inconscientes en la constitución del sujeto.

Tomando el itinerario que propone M. Bernard podemos observar que entre los estudios relevantes que dieron origen a la construcción teórica del Esquema Corporal se encuentran las investigaciones de Bonnier en 1893 que apuntaban a saber cómo se produce la fijación de la postura en un marco temporoespacial en un sujeto sano (Bernard, 1980:29), destacando la importancia de la sensibilidad articular –que informa acerca de la posición de los huesos y relaciones articulares– y del aparato vestibular del oído –que informa acerca de la verticalidad y situación del cuerpo con respecto a la gravedad–.

Bonnier planteó la hipótesis de la existencia de "esquemas mentales" entendidos como configuración topográfica –espacial– que cada uno posee de su propio cuerpo. Queda, a partir de sus trabajos, expuesta la idea de la existencia de un "esquema" como estructura organizada, que representa mentalmente la espacialidad del cuerpo propio (Bernard, 1980:29). Este es un modelo perceptivo del *cuerpo como configuración espacial* que permite a la persona darse cuenta de los contornos de su cuerpo y el espacio que éste delimita, con la ubicación de miembros y órganos, así como la localización de estímulos y respuestas.

Siguiendo el itinerario que nos propone M. Bernard, en 1908 un neurólogo alemán, llamado Pick, arriba a propuestas semejantes a las de Bonnier, aun sin conocer sus trabajos. Pick llega a la conclusión de que la orientación de nuestro cuerpo en el espacio y la localización de lo que sucede dentro del espacio corporal se sostiene en una especie de "mapa mental", registrado en el cerebro –córtex– construido por asociación de sensaciones cutáneas y visuales. Queda expuesta en Pick la noción de "imagen mental" del propio cuerpo *construida como un cuadro visual* del mismo.

Otro investigador, Head, disiente con Pick y considera que son los *"datos posturales"* –y no las sensaciones cutáneas y visuales– los que constituyen la referencia principal del conocimiento de nuestro propio cuerpo. Construye así la noción de "esquemas posturales" sobre los que se construye un "modelo postural" de nosotros mismos. Los esquemas Posturales refieren a una organización singular de la postura en relación con la fuerza de gravedad.

La información sensorial referida a la posición de nuestros miembros se organiza en esquemas posturales y cada nueva información que ingresa se relaciona con los datos existentes y previamente organizados en dichos esquemas. Del hecho de que estamos en permanente movimiento, produciendo variaciones de posturas que experimentamos, se desprende la afirmación de que dichos esquemas son plásticos y se encuentran en transformación permanente. La actividad cortical relacionaría las nuevas sensaciones producidas con cada movimiento con los esquemas anteriores y recién luego de esto se produciría el reconocimiento de la nueva postura.

Head se refiere a la plasticidad y a la constante asociación de "esquemas": posturales –referidos a la posición del cuerpo y sus variaciones, dirección y apreciación del movimiento y conservación del tono postural– y esquemas de la superficie del cuerpo –localización de la piel y registro de zonas estimuladas–. Estos esquemas se extienden, para Head, más allá de las fronteras concretas de nuestro propio cuerpo y se prolongan en los objetos que utilizamos o incorporamos a nuestro cuerpo.

El modelo propuesto por Head, continúa siendo de corte fisiológico y referido a la actividad cortical. Propone una imagen del cuerpo determinada por estructuras neurológicas que corresponden a las facultades perceptivo motrices de un organismo fisiológica y anatómicamente definido.

El concepto de Esquema Corporal, en las distintas propuestas, se refiere entonces a la conciencia que tenemos de nuestro cuerpo y la imagen mental que de él nos formamos como imagen anatómica.

Su soporte es neurofisiológico y la construcción del esquema, en tanto imagen, nos conduce a una vivencia del cuerpo en las tres dimensiones de la realidad y se estructura gracias a la experiencia del cuerpo vivido. En tanto sostenida por la estructura biológica y el orden de la conciencia podemos decir que el Esquema Corporal da cuenta de la *especie* a la que pertenecemos. En tanto y en cuanto el esquema es evolutivo en el tiempo y el espacio decimos que se construye en base a la experiencia y el aprendizaje, ya sea espontáneo o bien producto de técnicas para el entrenamiento motor. Remite al aspecto instrumental del cuerpo, tanto en el dominio de sí mismo como del mundo.

La noción de Esquema Corporal al estar referida a la afectación de los sentidos, nos remite a la idea de que el estímulo se encuentra presente, por lo tanto hablamos de actualidad y experiencia inmediata, si bien ésta para constituirse en percepción entra en relación con experiencias anteriores almacenadas en el preconciente.

D. Digelman menciona que el Esquema Corporal, según Ajuriaguerra y Hécaen es "una representación más o menos consciente de nuestro cuerpo, activo o inmóvil, de su posición en el espacio, de la postura respectiva de los distintos segmentos, del revestimiento cutáneo, por medio del cual está en contacto con el mundo" (1980: 23).

Imagen corporal

El neuropsiquiatra y psicoanalista austríaco Paul Schilder (1886-1940) replanteará algunos aspectos del concepto de Esquema Corporal –en cuanto a imagen referida al organismo– y abrirá la consideración de enfoques de orden libidinal, emocional y social presentes en el concepto que denominará específicamente *Imagen Corporal*.

Schilder refiere a los contenidos del sistema Consciente y Preconciente como elementos activos en la construcción de la Imagen Corporal, íntimamente ligados a la conciencia corporal que nos llega por la vía sensorial. Es decir, se construye en base a la autopercepción. Con el aporte del psicoanálisis replanteará algunos aspectos del Esquema Corporal utilizando dos conceptos: (1) Esquema Postural o Modelo Postural del cuerpo como equivalentes a Esquema Corporal; y (2) Imagen Corporal.

Para referirse al concepto de Esquema Corporal tomará las investigaciones de Head sobre el Esquema Postural, compartiendo algunas de sus conclusiones y refutando otras.

Head afirma que las percepciones posturales constituyen el elemento esencial del conocimiento de nuestro cuerpo y sobre la base de ellos se forma un "modelo postural de nosotros mismos". Habla también de la asociación de estos esquemas posturales relacionados con la posición del cuerpo y el movimiento y esquemas de la superficie de la piel, los cuales construirían un patrón o esquema de características plásticas y dinámicas.

Por su parte, Schilder rescata la importancia de los datos visuales, los cuales se asocian con la información táctil y kinestésica conformando una unidad en la percepción global de nuestro cuerpo, de la cual deriva una conciencia corporal que se presenta como unidad.

En el concepto de Imagen Corporal, Schilder intenta conciliar el modelo neurofisiológico sobre el que se sustenta la noción de Esquema Postural, con la teoría de la estructura de la Gestalt, y el enfoque libidinal del cuerpo propuesto por el psicoanálisis. Schilder pretende lograr un enfoque psicobiológico reforzando el concepto de organismo vivido y en relación, donde se vislumbran elementos de la Fenomenología existencial de Merleau-Ponty y la noción de cuerpo relacional de Wallon.

Sostenido en una concepción social y emocional de la construcción humana, toma al cuerpo y su imagen en el mismo sentido, ligando la dimensión biológica a la emocional y social. Cuerpo e imagen que surgen de la relación y construyen representación interna.

El concepto de Imagen Corporal remite a la representación mental del propio cuerpo, como objeto de la percepción en su doble vector sintiente-sensible, situación en la que el cuerpo es a la vez órgano de percepción y objeto de la misma. La imagen devenida de esta situación se construye sobre la base de la información sensorial que fundará un sentimiento de mismidad.

Intervienen en esta configuración el Sistema Percepción-Conciencia y la información recogida remite a la dimensión *material* de la realidad corporal siempre considerada en *situación* relacional con el entorno.

La Imagen Corporal, en tanto plástica, se modifica no solo por los datos sensorios sino especialmente por la forma en que estos son vividos emocionalmente. En este punto se refuerza la concepción que subraya la imposibilidad de que la sensación sea neutra. Siempre es vivida por un sujeto de la percepción, el cual a su vez no es una individualidad aislada, sino que se encuentra inmersx en una sociedad, que otorga sentido y estructuración a toda experiencia del ser humano.

Podemos distinguir en la propuesta de Schilder una profundización de los aspectos perceptivos, como continuidad del trabajo de sus antecesores, y por otro el análisis de la Imagen Corporal entendida como estructura libidinal dinámica en relación a las zonas erógenas productoras de placer, las cuales, relacionadas con la historia del sujeto, darán como resultado una cierta construcción de la imagen de su cuerpo, en la que cada sujeto privilegia ciertas zonas de otras. Schilder afirma que la estructura libidinal se expresa en el modelo postural del cuerpo. También nos dice que "los procesos que colaboran en la construcción de la Imagen Corporal no se sitúan tan solo en el campo de la percepción, tienen también su desarrollo paralelo en el campo libidinal y afectivo" (1977: 152).

Asimismo, P. Schilder considera los aspectos sociales, presentándonos un cuerpo y su imagen construido en la relación con otros cuerpos e imágenes corporales, y una influencia cultural y social que inscribe sus normas en la relación de los sujetos con su propio cuerpo y con el de los demás, subrayando la implicancia emocional de estas experiencias.

Acorde a un cambio de pensamiento en el ámbito científico y filosófico de su época, Schilder refuerza la idea del cuerpo como encarnación de una personalidad. Subraya asimismo que en toda percepción existe un sujeto, una personalidad con sus inclinaciones, su historia y sus contenidos psíquicos internos, que experimenta la percepción. *"Somos seres emocionales"*, afirma. De este modo, al ser planteada la imposibilidad de toda información objetiva en la percepción, la afirma como una experiencia que da cuenta de una subjetividad presente, aun en la conformación del Esquema Corporal o "Modelo Postural del cuerpo" –como imagen del organismo– de base perceptivo motriz. En sus trabajos fundamenta permanentemente este aspecto subjetivo, tanto en la experiencia perceptiva como motriz, relacionándola con la experiencia emocional y libidinal –que constituirá un cuerpo erógeno– así como social y culturalmente modelado.

La Imagen Corporal es considerada por algunos autores, como Wallon y Spitz, como la matriz de la formación del Yo, de la propia identidad y de la personalidad. No viene determinada genéticamente, se va construyendo desde los primeros años de vida y nunca acaba de conformarse del todo. El conocimiento y conciencia que cada uno tiene de su propio cuerpo es uno que emana de la propia experiencia corporal.

Percepción e Imagen corporal

Schilder afirma que la percepción es cenestésica y el cuerpo en cuanto objeto se presenta a todos los sentidos como unidad. La experiencia cenestésica orienta y unifica la percepción aislada dándole un sentido dentro de la unidad corporal. Sostiene que los "datos visuales, táctiles y kinestésicos se presentan en una unidad indisoluble". Aquellas partes de nuestro cuerpo que vemos y tocamos se configuran en una imagen unificada de nuestro cuerpo al articularse con las sensaciones kinestésicas.

Asimismo, Schilder plantea la existencia de una unidad entre los procesos de percepción-acción e impresión-expresión –fundamentados por la teoría de la Gestalt–, como componentes de un proceso dinámico, activo y subjetivo de la experiencia sobre la cual se construye para nosotros mismxs una imagen de nuestro cuerpo.

Así, el Modelo Postural del cuerpo ya no se enfoca solo desde su aspecto perceptivo, propio del modelo fisiológico de Head, sino que se lo concibe como una estructura dinámica indisolublemente perceptivo-activa que la experiencia modifica y enriquece, ya que quien percibe es una personalidad íntegra. Percepción y respuesta motriz son dos polos de una misma unidad de comportamiento determinando que "no existe percepción sin acción".

La percepción, así considerada, solo es plena cuando la acción interviene en la manipulación del objeto percibido. Nos movemos para percibir y percibimos para movernos. Al mismo tiempo, la motricidad siempre está ligada directa o indirectamente a una experiencia emocional propia de la relación de la persona con otrxs.

Este enfoque, que considera lo relacional en la construcción de la Imagen Corporal, es perceptivo-dinámico-emocional y sustituye el carácter del modelo fisiológico de Head por una dimensión psicológica y social. Por esta razón, para Schilder la Imagen Corporal no sería una estructura sino una estructuración sometida a permanentes cambios, producto de la fluctuación en nuestras vidas. La considera como una estructura libidinal y dinámica que cambia y se construye a partir de nuestras relaciones con un medio físico, vital y social, en el que se integran todas las experiencias –perceptivas, motrices, afectivas y sexuales– incorporadas a lo largo de nuestra vida

Relación entre las Imágenes corporales

Schilder subraya la importancia de la relación entre las imágenes corporales. Lo indica tanto como instancia fundante en la construcción de la propia imagen como del intercambio constante y actualizado. "Existe una estrecha relación entre la imagen del propio cuerpo y la de los demás", afirma (Schilder, 1977: 196). Así, nos dice que el interés por el propio cuerpo corre paralelo al interés por lxs cuerpos de lxs otrxs, al punto tal de relacionar el conocimiento y la integración de las partes del cuerpo en la propia imagen en relación con el interés de dichas partes en los cuerpos de lxs otrxs. "La percepción del cuerpo de los demás y de su expresión emocional, es tan primaria como la percepción de nuestro propio cuerpo, sus emociones y expresiones" (Schilder, 1977: 196).

En este punto podríamos hallar una cierta concordancia con el pensamiento de H. Wallon, para quien la génesis de la conciencia del propio cuerpo se funda en el vínculo con lxs otrxs.[41] No existiría para Schilder posibilidad de construcción de la Imagen Corporal en forma aislada, esta solo se da en el seno de las relaciones interpersonales en la interacción de las imágenes corporales. Así la mirada de los otros se constituye en mediador importante para la comunicación de la Imagen Corporal. Y afirma que las impresiones ópticas relativas a nuestro cuerpo no difieren de las impresiones ópticas de lxs cuerxos de los demás en cuanto a la construcción de la propia Imagen Corporal. De este modo, también podemos encontrar relación entre las afirmaciones de Schilder y las de Merleau Ponty cuando este último nos dice que no habría corporeidad aislada sino "intercorporeidad".

Plasticidad de la Imagen corporal

Schilder profundiza en la investigación de la plasticidad de la Imagen Corporal en la que intervienen lo relacional, lo emocional, lo libidinal, el

---

41 Con la madre, o quien cumpla la función materna, en primer lugar y luego con el resto de las personas que lx rodean. El espacio postural de lxs niñxs, para Wallon, hecha raíces, en el espacio postural de sus madres. El establecimiento de lazos afectivos en la asistencia de las necesidades del bebé marcan este proceso con un carácter emocional.

movimiento, la imaginación, la influencia de vestimentas y maquillajes, el espacio que rodea al cuerpo. Frente a los límites que impone la carne, la plasticidad de la Imagen Corporal se nos presenta no solo como una cualidad de ésta sino como una necesidad productora de placer. Así es que para este autor utilizamos consciente o inconscientemente diversas formas para cumplir con este objetivo.

Schilder refiere a esta plasticidad de la Imagen Corporal como una necesidad de superar la rigidez y de expandirse más allá de los límites concretos del cuerpo, hecho que haría de la imagen una estructura sometida a permanente construcción y autodestrucción internas.

Menciona como medios *aloplásticos* para la modificación de la Imagen Corporal a aquellos que se producen mediante el agregado de objetos externos al propio cuerpo, como vestimentas, maquillajes, usos de objetos, prótesis. Todas las cosas que se ponen en contacto con el cuerpo pasarían a formar parte de él en la dimensión de la imagen; de esta manera el cuerpo se extiende más allá de sus límites.

El uso diestro de un objeto requiere de un cierto deslizamiento de la sensibilidad del propio cuerpo hacia el cuerpo del objeto, integrándose en la Imagen Corporal. A partir de esta realidad adquirimos desde las más elementales a las más diestras habilidades del uso de objetos ajenos a nuestro cuerpo, lo que nos permite realizar acciones que van desde usar un tenedor hasta andar en zancos. La imagen del propio cuerpo se "extiende" al objeto, y este se "incorpora" a su vez en la imagen del propio cuerpo en una unidad integrada.

El uso de vestimentas, en tanto agregado de objetos sobre el propio cuerpo, hacen que estas pasen a formar parte de la propia imagen cargándose, según Schilder, de líbido narcisística. Las vestimentas y otros agregados nos permiten agrandar o achicar la imagen de nuestro cuerpo, así como también los maquillajes, los tatuajes, el uso de anteojos, adornos, y máscaras.

La vestimenta también actúa produciendo imagen que otorga pertenencia en el orden social. Debido al hecho de que las imágenes corporales están estrechamente entrelazadas en su construcción y dinamismo, la elección de determinadas ropas permiten identificarnos con lxs demás

Al modificar nuestra Imagen Corporal cambiamos también nuestra actitud, generándose de este modo una transformación interna que implica emociones, actitud psíquica, postura, gestos, sentimientos, movimientos. Esta modificación de la propia imagen a través de objetos externos remite a procesos de identificación, así como también de construcción de personajes sociales o artísticos.

La otra clasificación que hace Schilder para referirse a los medios de modificación de la Imagen Corporal es la de medios *autoplásticos*. En este caso no se refiere a agregados externos sino a aquello que el sujeto hace por sí mismo. Emociones, sentimientos, imaginación, movimientos de valor expresivo o pragmático, tendencias libidinales, modifican la Imagen Corporal. Todo deseo –afirma Schilder– y tendencia libidinal cambia la estructura de la Imagen Corporal.

Desde esta perspectiva que nos propone el pensamiento de Schilder, podríamos afirmar que la imaginación presente en el juego, la improvisación y el proceso creador tiene un papel importante en la modificación de la Imagen Corporal. En tanto contenido psíquico, es reflejado en la imagen de nuestro cuerpo. Todo cambio en la actitud psíquica provoca un cambio en la Imagen Corporal, así vemos que toda emoción altera la imagen corporal y que esta a su vez es expresión directa de nuestra vida emocional, de nuestra personalidad.

En toda experiencia emocional, afirma Schilder, se altera la sustancia misma de nuestro cuerpo y la percepción que tenemos de él. Pone como ejemplo, que cuando sentimos odio, el cuerpo se contrae, se tensiona y los límites corporales se marcan a la experiencia más nítidamente. Cuando sentimos amor, en cambio, el cuerpo se expande, la respiración se hace más profunda y los límites de la piel se perciben más tenues y permeables permitiendo la entrada de lo externo.

Toda emoción se relaciona con movimientos expresivos, más allá de que estos puedan ser inhibidos y no alcancen su expresión final frente a otrx imaginario o real. Schilder afirma que toda emoción se relaciona con movimientos expresivos o tendencias hacia ellos, y al mismo tiempo todo movimiento expresivo es experimentado por el sujeto por una secuencia de estados musculares, como sucede en el gesto en movimiento. El movimiento es una de las formas con que modificamos la rigidez del Modelo Postural del cuerpo y de la Imagen Corporal.

Toda modificación que llega a nuestra conciencia por vía del movimiento completa y modifica la imagen de nuestro cuerpo. Si recordamos que a su vez toda modificación en la Imagen Corporal acarrea un cambio en la actitud psíquica, podemos afirmar que todo movimiento –al modificar la Imagen Corporal– está produciendo cambios en la actitud psíquica. P. Schilder lo afirma diciendo:

> No cabe duda de que el aflojamiento de la Imagen Corporal acarrea consigo una actitud psíquica determinada. El movimiento influye, así, sobre la Imagen Corporal y lleva de un cambio en la imagen del cuerpo

a un cambio en la actitud psíquica. (...) Existe una interrelación tan estrecha –agrega en otro párrafo– entre la secuencia muscular y la actitud psíquica que no solo se vincula dicha actitud con los estados musculares, sino que también toda secuencia de tensiones y relajaciones, provoca una actitud específica. (1977: 179)

Al mismo tiempo, si lo pensamos en la dirección inversa, vemos que toda modificación en el campo emocional o psíquico produce un cambio en el cuerpo, se realice o no un movimiento que lo exprese. Si el movimiento se realiza, llevará consigo a través de la secuencia muscular de tensiones y relajaciones, del diseño en el espacio y de la gama tónica que utilice, el sello de su cualidad expresiva.

Schilder también afirma que "cuando existe una secuencia motriz específica, modifica la situación y actitudes internas, llegando a provocar incluso una situación imaginaria que se adapta a la situación muscular" (1977: 180). Esto nos permite especular en torno al trabajo motriz como productor de imágenes. Tomando como punto de partida el movimiento dejando que surja en el desarrollo de las secuencias de imágenes.

La profundización que hace Schilder en sus investigaciones sobre la Imagen Corporal ubica a la plasticidad de la misma como una de sus características más relevantes.

En sus desarrollos nos demuestra que la imagen del cuerpo es dúctil, en permanente autoconstrucción y autodestrucción internas. Puede expandirse o achicarse, proyectarse hacia los objetos del mundo exterior o incluirlos. Este es uno de los puntos en los que se diferencia de los modelos teóricos –de corte netamente fisiológicos– que le antecedieron en la concepción del Esquema Corporal –en Head o en Pick– donde la imagen es más estática. Para que un cambio en la realidad del cuerpo pase a integrarse en el Esquema y forme parte de los contenidos de la conciencia en la forma de "imagen consciente del cuerpo", requiere de un tiempo donde la experiencia se cristalice y asiente en el córtex. Así lo demuestran las investigaciones del miembro fantasma.[42]

---

42 Se denomina "miembro fantasma" a la persistencia de sensaciones de miembros que en verdad no están porque fueron amputados. El sujeto registra la presencia de su mano allí donde ella estaba e incluso pretende utilizarla como hacía habitualmente. Y en algunos casos registra dolor o picazón.
   La hipótesis de que el fenómeno responde a causales de orden periférico queda descartada cuando se comprueba que las sensaciones persisten aún cuando se aplique anestesia en la zona de la amputación. Las investigaciones apuntan a afirmar que el fenómeno es de orden central y sostienen que el miembro fantasma es el resultado de que, aún después de la amputación, el cerebro conserva las huellas

En cambio en el concepto de Imagen Corporal –en el que no sólo se consideran los fenómenos de orden biológico–, cada cambio cualitativo y cuantitativo en la experiencia del sujeto acarrea consigo un cambio en la Imagen.

Podemos también subrayar que el concepto de Esquema Corporal remite a la representación mental del propio cuerpo construida a partir de la percepción del mismo –especialmente la sensibilidad propioceptiva–. Esta información conforma cuadros mentales –imagen– que ordenan la sensibilidad corporal. Al mismo tiempo, esas percepciones que configuran una imagen mental son la fuente sensorial de la conciencia corporal. De este modo, conciencia corporal y representación mental del propio cuerpo se encuentran estrechamente relacionadas.

El concepto de Imagen Corporal, en cambio, si bien toma en cuenta lo anterior, profundiza sobre la influencia de lo social, lo emocional, es decir la relación dialéctica con el "afuera" del cuerpo, con el contexto en el que el sujeto está inmerso. Es decir, parte de una concepción del ser en situación y de cómo esta dialéctica interviene en la construcción de las percepciones corporales, destacando que no son neutras.

Imagen inconsciente del cuerpo

Según nos refiere M. Bernard en su libro *El cuerpo*, Schilder intentó conciliar dos modelos teóricos de la imagen del cuerpo. Pese a sus esfuerzos, nos dice, "y a pesar de todos los retoques a los que los sometió, continúan siendo dos piezas pegadas, arbitrariamente yuxtapuestas" (1980: 45).

---

de la anterior existencia del miembro. Si se lesiona la zona del cerebro que contiene el registro de esa parte del cuerpo, se suprime la sensación de la presencia del mismo. Lo mismo sucede si se seccionan los nervios que se dirigen hacia el encéfalo. Esto daría cuenta de la existencia de un "mapa cerebral" que registra la experiencia del cuerpo. De todos modos, las investigaciones demuestran que las experiencias emocionales respecto a la aceptación o resistencia frente a la pérdida influyen notablemente en la duración de esta experiencia que de todas maneras tiende a desaparecer a medida que la vivencia permite construir una nueva imagen del cuerpo que sustituye a la anterior.

Existen antecedentes de investigación del fenómeno del miembro fantasma desde el siglo XVII, realizados por Ambroise Pare y Descartes, quien afirmaba que "el alma no siente el dolor de la mano por estar esta en la mano, sino por estar en el cerebro". Posteriormente en el siglo XIX y XX durante la guerra de Secesión Norteamericana y en la I y II Guerras Mundiales este fenómeno fue verificado por los neurólogos a raíz de las muchas amputaciones atendidas.

Bernard sostiene la existencia de dos principales corrientes de interpretación de la experiencia corporal: una que se centra en las relaciones del organismo con su medio ambiente y señala el papel principal del dinamismo de las estructuras perceptivomotrices. Esta línea remite a una concepción del cuerpo entendido a partir de su función de relación con su ambiente vital y social que Schilder denomina como una "psicobiología" y que se relaciona en algunos puntos con la postura de Wallon.

Una segunda corriente teórica toma el enfoque freudiano y nos presenta una representación totalmente diferente del cuerpo –como fuente de excitaciones sexuales, articulado a la noción de inconsciente, lugar del deseo, del placer, del dolor, de la dinámica libidinal– cuestionando incluso la utilización del concepto de esquema corporal e imponiendo, tal como nos lo refiere Bernard, un nuevo concepto de Imagen del Cuerpo.

La psicoanalista francesa Francoise Doltó desarrolla la teoría de la Imagen Inconsciente del Cuerpo, basada en la teoría psicoanalítica. Con su concepto de Imagen Corporal propone una representación de las primeras inscripciones del orden de lo arcaico, en los momentos previos a la aparición del lenguaje verbal. En este modelo teórico la Imagen Inconsciente del Cuerpo ya no refleja la imagen anatómica. Refleja cómo el cuerpo es vivido emocionalmente según el registro que queda de esa experiencia en el inconsciente desde tempranas etapas. Entonces, no es la realidad anatómica la que refleja sino la realidad psíquica inconsciente. Al ser esta imagen del cuerpo inconsciente, no va a aparecer en la conciencia, y se expresará a través de lo simbólico.

F. Doltó diferencia claramente su teoría del concepto de Esquema Corporal. Sobre la apoyatura biológica que le brinda el Esquema Corporal, que especifica al individuo en cuanto a representante de la especie, la imagen del cuerpo está ligada al sujeto y su historia, siendo la síntesis viva de nuestras experiencias emocionales. Tal como lo propone Doltó, se la puede considerar como la encarnación simbólica inconsciente del sujeto deseante, antes inclusive de que el individuo sea capaz de designarse con el pronombre personal Yo.

El Esquema Corporal es el soporte de esta imagen, y para Doltó tiene representación consciente, preconciente e inconsciente; mientras que la Imagen Corporal, desde su propuesta, es absolutamente inconsciente. Por lo cual, esa Imagen Inconsciente del Cuerpo refiere exclusivamente a lo imaginario, a una intersubjetividad imaginaria marcada en el ser humano por la dimensión simbólica, es decir, su construcción y configuración remite a las relaciones intersubjetivas y libidinales fundadas en el lenguaje.

Doltó también nos dice que la Imagen Inconsciente del Cuerpo está del lado del deseo. No se vincula con la necesidad, sino con la vida emocional. Por su parte, M. Bernard afirma que el cuerpo se siente como una multiplicidad de zonas erógenas sometida a la constante anarquía de los estímulos de la líbido. Como vemos, este concepto se refiere exclusivamente a los contenidos inconscientes o fantasmáticos. Al respecto nos dice que la Imagen del cuerpo, es siempre imagen potencial de comunicación de un fantasma.

Basada en la teoría psicoanalítica, la noción de Imagen Inconsciente del Cuerpo nos habla de una conformación que remite a contenidos de la experiencia previa a la formación de la conciencia. Por esta razón su configuración se relaciona con experiencias emocionales arcaicas producidas por las primeras sensaciones que se conservan solo a nivel inconsciente y solo se expresan mediante lo simbólico. Este es su lenguaje al igual que en el campo onírico.

Para J. D. Nasio, "las imágenes inconscientes del cuerpo son el inconsciente mismo, los impactos psíquicos de las primeras sensaciones" y postula que " la Imagen Inconsciente del Cuerpo es el inconsciente embrionario y que la matriz del inconsciente es el cuerpo" (2008: 24-25).

Para el psicoanálisis el Esquema Corporal y la conciencia del cuerpo son elaboraciones secundarias, refacciones de la conciencia referidas a una experiencia primitiva en la que no rige ni el principio de no-contradicción, ni la temporalidad lineal, ni el orden unitario, sino el principio de placer que moviliza el deseo.

La Imagen del Cuerpo queda definida por Doltó en esta teoría como lugar de registro del inconsciente, de toda la vida relacional, y a la vez es actual y actualizable por medio de cualquier expresión fundada en el lenguaje verbal, pictórico, escultórico, musical, plástico, mímico y gestual. Gracias a ella podemos entrar en comunicación con el otro en una trama donde se articula "un pasado inconsciente que resuena en la relación presente".

Para Doltó, la Imagen del Cuerpo puede hacerse independiente del Esquema, pese a que este es su soporte biológico. Está constituida por una imagen de base, una imagen funcional y una imagen de las zonas erógenas donde se expresa la tensión de las pulsiones. La experiencia arcaica de fragmentación del cuerpo, que al no estar discriminado de su entorno se fusiona parcialmente con todo aquello con lo que entra en contacto, dará como rasgo a esta Imagen Inconsciente del Cuerpo un carácter de fragmentación propio del discurso del inconsciente que deforma la realidad anatómica en su carácter de realidad imaginaria.

La Imagen Inconsciente del Cuerpo corresponde a un enfoque teórico sostenido en la teoría psicoanalítica y toma al cuerpo como lugar de representación de la dimensión psíquica inconsciente. La imagen anatómica del cuerpo se encuentra *fantasmizada*[43] por contenidos imaginarios arcaicos que escapan a la conciencia y a la voluntad y solo se expresan a través de lo simbólico. El inconsciente como "lugar" psíquico, tal como lo definiera Freud, está desligado de lo somático, es decir no remite a localización cerebral. El inconsciente como lugar "virtual" se expresa en los sueños, los actos fallidos, el juego, el arte y conforme al concepto de Imagen Inconsciente del Cuerpo, en el cuerpo.

Relacionado con la dimensión arcaica y los vínculos primarios, el concepto de cuerpo, liberado ya de la exclusividad al orden de lo somático, se presenta como lugar del deseo que fantasmiza o deforma a su antojo la imagen de lo anatómico. El cuerpo queda expuesto como lugar donde se articula lo orgánico y lo psíquico.

Tanto el concepto de Esquema Corporal como el de Imagen Corporal, que muchos autores unifican en la actualidad, remite al orden del YO. Es fundante al sentimiento de mismidad; aquello que reconozco como propio, como mío, como yo, que otorga integridad. Remiten por lo tanto al orden de la conciencia y el preconciente y se presentan conforme a su lógica lineal y racional.

La Imagen Inconsciente del Cuerpo, en cambio, respondiendo a la legalidad del inconsciente, atemporalidad, contradicción, fragmentación, condensación, entre otros, produce extrañamiento. Al igual que los actos fallidos, o el sueño, el sujeto no se siente autor, se desconoce ante la emergencia de sus contenidos que solo se expresan mediante lo simbólico.

Aplicación de los conceptos al Arte

Como síntesis articuladora de estos tres conceptos, podemos decir que la imagen que tenemos de nuestro propio cuerpo se construye en una relación dialéctica con el mundo. Objetos, otros cuerpos y significaciones,

---

43 En *El cuerpo y el inconsciente en educación y terapia*, A. Lapierre y B. Acouturier nos dicen que "Entendemos por fantasma a una producción imaginaria inconsciente capaz de motivar comportamientos de los que el sujeto no tiene conciencia. A diferencia de la pulsión que es un elemento preformado, vinculado a lo biológico, el fantasma se estructura con respecto a una vivencia emocional (placer o displacer); es anterior a la aparición de la conciencia y ha quedado grabado únicamente en el inconsciente. El fantasma que pertenece al orden del imaginario, solo puede expresarse a través de lo simbólico" (1980:V).

participan en la construcción de nuestra Imagen Corporal –y de alguna manera están contenidas en ella– y se presentifican en nuestras interacciones actuales con el mundo.

Los conceptos de Esquema Corporal e Imagen Corporal nos brindan una plataforma importante para pensar los entrenamientos motores y posturales en pos del manejo instrumental del cuerpo implicando un sentido de dominio de sí mismx y del mundo, en su unidad indisoluble con los aspectos emocionales y expresivos.

El énfasis puesto por Schilder en la plasticidad de la Imagen Corporal y su modificación a partir de la imaginación y de experiencias emocionales en un cuerpo erógeno, y los cambios operados a partir de la utilización de objetos externos, entre otros, nos brindan una plataforma para pensar tanto el cuerpo de lxs intérpretes como el de lxs espectadorxs –en la observación de la obra entendida como participación– y en toda interacción que ponga de relieve la presencia de una *intercorporeidad*.

También podemos considerar la presencia de la plasticidad de la Imagen Corporal en el proceso creador donde en una relación dialéctica sujeto y mundo se modifican.

Por su parte el concepto de Imagen Inconsciente del Cuerpo nos brinda un sustento teórico interesante para pensar en el "despliegue" del material inconsciente en ella contenido, en el devenir poético-espontáneo y configuración del proceso creador, en la improvisación y la producción de obra –tanto en la danza como en las otras artes– teniendo en cuenta al cuerpo como registro de la historia del sujeto deseante. La Imagen Inconsciente del cuerpo se despliega el orden poético en la imagen, el movimiento, el gesto, la postura, la actitud, la tensión, la energía, la mirada.

Recordemos que P. Pavis afirma que es la propia historia, que tiene registro en el cuerpo, la que se moviliza durante el espectáculo.

IMAGEN CORPORAL - REPRESENTACIÓN

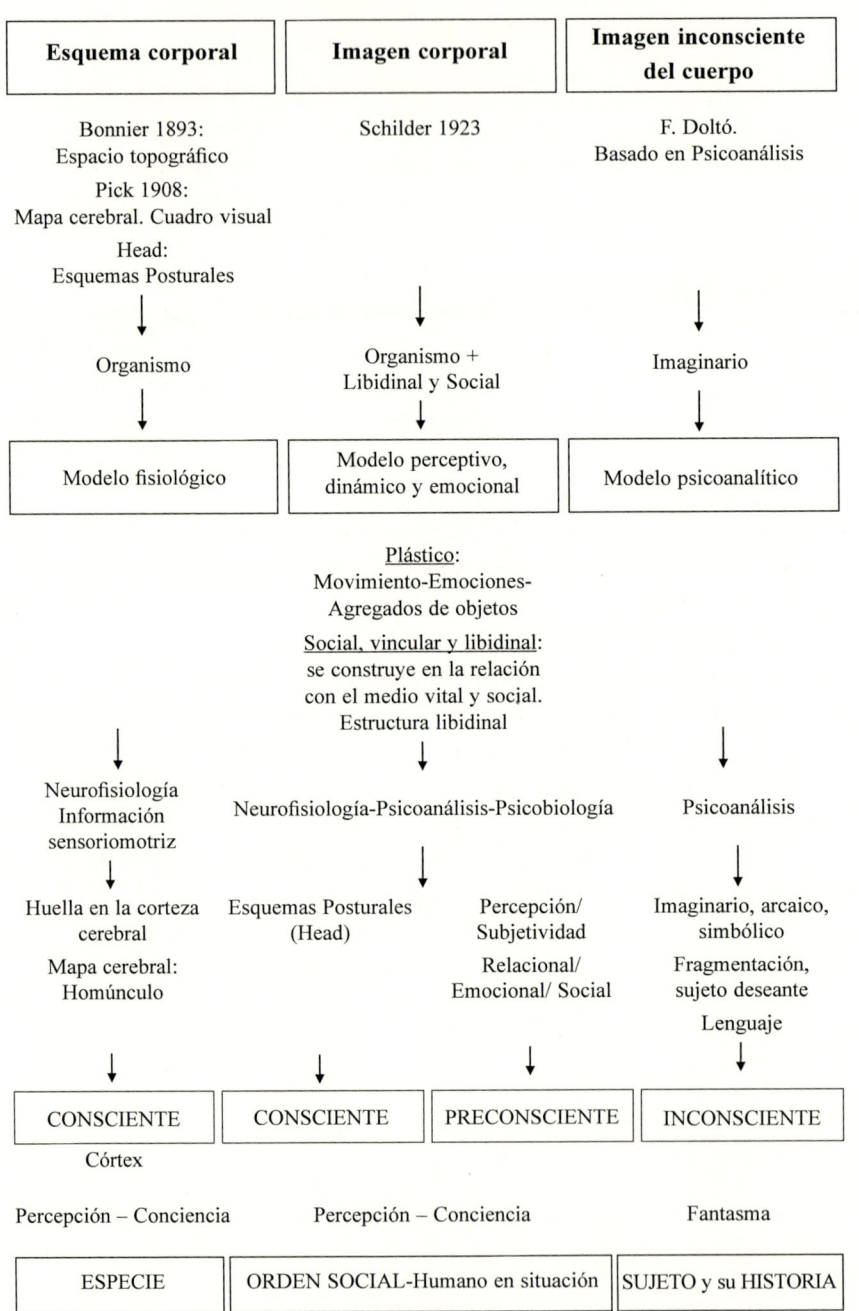

Esquema corporal	Imagen corporal	Imagen inconsciente del cuerpo
Bonnier 1893: Espacio topográfico	Schilder 1923	F. Doltó. Basado en Psicoanálisis
Pick 1908: Mapa cerebral. Cuadro visual		
Head: Esquemas Posturales		
Organismo	Organismo + Libidinal y Social	Imaginario
Modelo fisiológico	Modelo perceptivo, dinámico y emocional	Modelo psicoanalítico

Plástico:
Movimiento-Emociones-
Agregados de objetos

Social, vincular y libidinal:
se construye en la relación
con el medio vital y social.
Estructura libidinal

Neurofisiología Información sensoriomotriz	Neurofisiología-Psicoanálisis-Psicobiología		Psicoanálisis
Huella en la corteza cerebral	Esquemas Posturales (Head)	Percepción/ Subjetividad	Imaginario, arcaico, simbólico
Mapa cerebral: Homúnculo		Relacional/ Emocional/ Social	Fragmentación, sujeto deseante
			Lenguaje
CONSCIENTE	CONSCIENTE	PRECONSCIENTE	INCONSCIENTE
Córtex			
Percepción – Conciencia	Percepción – Conciencia		Fantasma
ESPECIE	ORDEN SOCIAL-Humano en situación		SUJETO y su HISTORIA

CAPÍTULO 5

Fenomenología de la Percepción.
El cuerpo en Merleau Ponty

Merleau Ponty, filósofo francés, ha sido una notable influencia en los nuevos modos de pensar lo corporal en el ser humano. Muchas producciones teóricas publicadas por autorxs de diversos campos –ya sea dentro del ámbito de las técnicas corporales como en el enfoque artístico del cuerpo, o desde las disciplinas de las ciencias sociales–, toman como referente a éste filósofo y lo ubican como fundamento de una postura que pretende superar el dualismo cartesiano que realizó una división ontológica entre cuerpo y alma, entendiéndolas como sustancias separadas.

En su trabajo filosófico, Merleau Ponty plantea un ensamble entre ser humano, conciencia y factilidad, superando tanto posiciones intelectualistas como empiristas. Así, podemos encontrar la huella de este filósofo y su manera de pensar la percepción tanto en el concepto de Imagen Corporal planteado por Schilder como en lineamientos teóricos referidos al arte, respecto al lugar del espectador en la noción de participación y en otras líneas de influencia que conjugan su presencia en los fundamentos de nuestra práctica específica.

Si pensamos la Expresión Corporal como surgida de un contexto social, histórico e intelectual, podemos ver cómo el pensamiento de Merleau Ponty –que atraviesa una época– está presente en muchos autorxs y conceptos que sustentan la propuesta de un "retorno al cuerpo", un conocimiento de sí mismx y del mundo a través del cuerpo, una consideración del espacio corporal como lugar de la existencia, y otros que podremos reconocer si abordamos los textos de este pensador.[44]

---

44 Si recurrimos nuevamente al *Diccionario de Filosofía* (1961) de Abbagnano, como lo hicimos al comienzo de este trabajo, recordaremos que respecto del tema de la percepción en el pensar filosófico hace referencia a tres concepciones diferentes. Una que entiende la percepción en relación a cualquier actividad cognitiva general. Otra que, girando en torno a la función cognitiva, se encuentra restringida a la

Por tal razón, antes de concluir este trabajo con un cierre y conclusiones, me parece importante destinar un tiempo para exponer, aunque sea sucintamente, el pensamiento de Merleau Ponty respecto al cuerpo, al ser humano y al papel que le otorga a la percepción en su noción *ser y estar en el mundo*.

Ser y estar en el mundo

Este concepto es común en la filosofía contemporánea, pero en Merleau Ponty, podemos decir que es el eje central de su reflexión. Su influencia llega al campo de la Filosofía contemporánea en autores como Foucault, Deleuze, Butler, Tylor, entre otrxs.

Merleau Ponty (2003) realizará su desarrollo filosófico en un *esfuerzo por recuperar el mundo tal y como lo captamos en la experiencia vivida*. Para ello define al ser humano como un espíritu con un cuerpo que solo accede a la verdad de las cosas porque su cuerpo está como plantado en ellas.

A través de su cuerpo el ser humano está situado en el mundo y en tal sentido esta noción remite al concepto de Merleau Ponty de un *ser en el mundo*. Esto implica un retorno al cuerpo, a la experiencia fenoménica de los sentidos, recuperando un mundo, y poniéndolo en escena, tal como lo captamos sensorialmente.

La Fenomenología existencial[45] de Merleau Ponty retoma a Husserl, filósofo de la fundante de la Fenomenología, quien propone "volver a las

---

presencia de un objeto real. Una tercera posición –en la que Abbagnano ubicaría a la Gestalt, a Husserl, y Ponty, entre otros–, pensaría la percepción como "una operación determinada del ser humano en sus relaciones con el ambiente". Esta concepción refiere a la "interpretación de los estímulos" y se encontrarían dos grupos de teorías: uno que pone el eje sobre los factores o condiciones "objetivas" y otro sobre las condiciones "subjetivas".

Las teorías centradas en la "interpretación de los estímulos", más allá de sus diferentes posturas, tendrían en común reconocer que (1) la percepción no es el conocimiento total y exhaustivo del objeto, sino una interpretación provisoria e incompleta; (2) la percepción brinda un conocimiento probable, que no es acabado de una vez para siempre, ni inmodificable, sino que por el contrario es corregible y completable.

45 La Fenomenología Existencial es una corriente contemporánea de filosofía francesa. En la línea fenomenológica, Merleau Ponty, antecedido por los filósofos alemanes Husserl y Heidegger, retoma también las fuentes Románticas –por ejemplo a Hegel– propias del pensamiento alemán, mientras que la filosofía francesa seguía la orientación del pensamiento cartesiano. De esta manera Sartre y Ponty –aunque con diferencias de enfoques en algunos puntos–, abren una nueva orientación en el pensamiento filosófico francés contemporáneo.

cosas". En este sentido la Fenomenología es el proyecto de una descripción de la existencia humana tal como es vivida. Es en esta afirmación que Husserl funda el método fenomenológico como *método de la descripción* que en un comienzo será filosófico y luego será tomado también por la ciencia.

La fenomenología intentará describir el fenómeno en su manifestación, analizándolo tal como este se presenta, sin partir de ningún presupuesto sobre sus causas o antecedentes. En su prólogo del libro *Fenomenología de la Percepción* (1975), Merleau Ponty define la Fenomenología como el *estudio de las esencias:* esencia de la percepción y de la conciencia; reubicando las esencias dentro de la existencia, y sostiene que no se puede comprender al ser humano y al mundo más que a partir de su factilidad.

Merleau Ponty focaliza en describir lo que se encuentra *entre* lo corpóreo y la conciencia; el *entre,* la conciencia y la cosa. Esto implica un rechazo a la Filosofía Clásica que fundada en una postura dualista separa el "para sí" y el "en sí"[46] sosteniendo la oposición sujeto/objeto en las teorías del conocimiento. El positivismo pretende reducir al sujeto a la objetivación de los hechos planteando la existencia "objetiva" de un "en sí" a la que el sujeto debe adecuarse.

Para Merleau Ponty, en cambio, el ser humano no es ni puro "en sí" ni puro "para sí"; no es ni una "cosa", ni puro pensamiento y "objetivar" es recortar. Este buscar el "entre" al que apunta Merleau Ponty, tiene sus antecedentes en la Filosofía Romántica,[47] por ejemplo en Hegel, y en poetas y escritores, como Novalis, cuyo intento era superar el dualismo cartesiano y llegar a una síntesis entre sujeto y objeto, presentando al universo como una unidad entre el mundo del pensamiento y el mundo de la naturaleza. Para estos pensadores había una continuidad entre el mundo de la naturaleza y el mundo del espíritu de modo tal que el espíritu sería una continuación de la naturaleza que se piensa a sí misma.

---

46 Desde la filosofía se toman dos categorías: el *"para sí"* que remite a la noción de conciencia, sujeto; y el *"en sí"* que remite al objeto, el mundo de las cosas. La oposición entre estas dos categorías remite a la oposición entre sujeto y objeto en la Teoría del Conocimiento. Serán tres filósofos alemanes, Hegel, Husserl y Heidegger, quienes en oposición a esta postura influirán en la filosofía francesa contemporánea.

47 Desde finales del siglo XVIII el romanticismo alemán, como "escuela del desencanto", instalará desde la esfera intelectual y artística su postura crítica frente a las reglas clásicas y el racionalismo filosófico, haciendo prevalecer los principios de libertad y subjetividad. La influencia de esta corriente filosófica se extenderá a partir de la modernidad crítica a los campos científicos, intelectuales, artísticos y políticos.

Los filósofos Románticos recuperan en este sentido a los Griegos y
Merleau Ponty retoma esta fuente romántica, lo cual implica un giro
importante dentro del pensamiento francés tradicionalmente influido por
la filosofía de Descartes.

Merleau Ponty desarrolla el tema de la unidad del cuerpo y alma ya en
su libro *La estructura del comportamiento* (1976), discutiendo tanto con la
Filosofía Clásica como con los métodos científicos fundados en sus principios.
Para él, el entre o punto de relación entre la naturaleza y la conciencia es el
cuerpo. La conciencia es siempre *conciencia encarnada*.[48] De modo tal que
el comportamiento no puede ser explicado de forma analítica, reduciendo
lo complejo a lo simple, tal como hace la Filosofía Clásica siguiendo los
lineamientos de Descartes.

Merleau Ponty, en cambio, utiliza un *pensamiento dialéctico* o sintético
que desde la idea de "estructura" –la complejidad de lo complejo– plantea
que el Todo remite mucho más que a la idea de "suma" de las partes. El
comportamiento es entonces para Merleau Ponty, un comportamiento
estructurado, planteado como relación entre *organismo, conciencia y medio*.
El sujeto *responde* a una situación,[49] por lo tanto es visto como "ser en
situación". Los seres humanos, dirá Merleau Ponty, no son mecanismos ni
pura exterioridad; tienen un interior. El comportamiento, entonces, sería
una relación dialéctica entre mundo interior y mundo exterior.

---

48 La afirmación de Merleau Ponty de que la conciencia es conciencia encarnada no
    remite a que esta se disuelva en el orden de lo biológico, ya que el ser humano
    solo puede ser comprendido como existencia. Esto implica proponer *un tercer
    término entre lo psíquico y lo fisiológico*.

49 En su libro *La estructura del comportamiento*, donde trata el tema de las rela-
    ciones entre alma y cuerpo, Merleau Ponty cita como ejemplo el caso del Greco.
    Este pintor padecía un trastorno visual que le hacía ver los objetos con forma
    alargada. Sus obras pictóricas tienen el rasgo particular de este artista justamente
    por presentar el alargamiento de las formas, lo cual podríamos decir forman parte
    de su estética. Este, para Merleu Ponty, no remite a un simple azar fisiológico
    sino al hecho de que la disfunción orgánica fue resignificada por El Greco. "Los
    accidentes de nuestra constitución corporal –afirma Merleau Ponty en el citado
    libro– pueden siempre desempeñar ese papel de reveladores, a condición de que
    en lugar de ser sufridos como hechos puros que nos dominan, se conviertan, por la
    conciencia que tomamos de ellos, en el medio de extender nuestro conocimiento.
    En el límite, el supuesto trastorno visual del Greco ha sido dominado por él y tan
    profundamente integrado a su manera de pensar y de ser, que aparece, en fin, como
    la expresión necesaria de su ser, mucho mas que como una particularidad impuesta
    desde afuera" (1976: 282).

Asimismo, los seres naturales tampoco son meros mecanismos –y en esto se confirma otra oposición a la postura de Descartes[50]–, su comportamiento será definido como una relación dialéctica entre *la cosa y el medio*. De modo tal que el comportamiento es visto como un conjunto estructurado, y no como el mero efecto de una constelación por adición, de factores del medio. Es el ser humano quien modela, según su manera propia, el caos sensible convirtiéndolo en una forma dotada de sentido. El comportamiento es siempre una respuesta a una situación; y esa *situación* remite siempre a un *sentido*, a una *significación*. No existe ninguna situación "objetiva", siempre depende de un *sentido*.

En este encuadre de relación dialéctica entre mundo interno y mundo externo, Merleau Ponty piensa al ser humano como ser *situado* en el mundo gracias a su cuerpo, y al cuerpo como *significación encarnada*.[51] Para él, el universo está vivo, compuesto por estructuras y relaciones dialécticas. En *Fenomenología de la Percepción* (1975) trata el tema de las relaciones entre la conciencia de la naturaleza ("en sí") y la pura conciencia "de sí" (para sí).

La "pura conciencia de sí" remite al "YO PIENSO" y la conciencia de la naturaleza al "YO PERCIBO". El "pienso" está abstraído de toda circunstancia, mientras que el "percibo" esta *encarnado*. La percepción revela, para Merleau Ponty, tanto al sujeto preceptor como el mundo percibido.

Relación alma-cuerpo

Para Merleau Ponty, el alma es al cuerpo, lo que el pienso al percibo. El proyecto de su Fenomenología es demostrar que el "pienso" se funda en el "percibo", lo que daría cuenta de la unidad alma-cuerpo.

Invirtiendo el *cogito ergo sun* –pienso, luego existo– cartesiano, la idea central de Merleau Ponty podría ser formulada como un *"primero existo, luego pienso"*.[52] El mundo en el que vivimos –en la interacción con otros

---

50 En la doctrina de Descartes de la "bestia-máquina" el resto de los animales no humanos quedan definidos como autómatas puramente mecánicos. El modelo de la máquina era suficiente para explicar su comportamiento. Tal como queda expuesto en *El Discurso del Método*, V Parte, Descartes veía al animal como una *suma de ruedas, palancas y resortes*, es decir como una máquina.

51 Como pudimos ver en momentos anteriores de este trabajo, al abordar una diferenciación entre los conceptos de cuerpo y organismo, queda expuesto cómo varixs autorxs desde diversos enfoques coinciden con este modo de considerar al cuerpo.

52 Obsérvese que este es el mismo concepto que se plantea en Selden para pensar el lugar del espectador. Sobre el mismo punto de vista se sostiene el comentario que transcribimos del crítico de arte John Martin. Así sucede también cuando expo-

seres y objetos– es organizado por el cuerpo, cumpliendo así la función primordial de ponernos en relación con el mundo a través de la percepción.

La palabra constituye una separación, pero *hay un texto previo en lo vivido*. De este modo, queda expuesta su postura crítica respecto a la escisión planteada por Descartes, que divide res extensa de res cogitans, y al método científico que se fundamenta en esta concepción.

Para Merleau Ponty la unidad de cuerpo y alma demuestra que las antítesis están superadas. El cuerpo no es un objeto, como lo propone la biología[53] o la ciencia médica, *el ego que percibe está encarnado*. Asimismo, la conciencia no es puro *cogito* abstraído de la dimensión fáctica; el para-sí no es una esencia aislada sino que está anclada en el en-sí. Las distintas formas de conciencia –infantil, mórbida, primitiva– dan cuenta, para Merleau Ponty, de que la conciencia no es una esencia pura desligada del mundo material sino que se encuentran indisolublemente ligadas a este.

El método fenomenológico

Como dijimos antes, la Fenomenología[54] en lugar de explicar, describe. La idea de descripción remite a reproducir en el discurso el enunciado *anterior al discurso*, que constituye el *fenómeno*. Desde esta perspectiva, la *experiencia* es el punto de partida de todo conocimiento.

La experiencia *muda* tiene un "sentido" que hay que explicitar llevando a la palabra ese sentido, como modo de "dar palabra" a lo que originalmente

---

nemos el concepto de percepción pragmática y percepción estética propuesto por M. Ivelic, o la postura de P. Pavis en relación a la relación entre el espectador y la obra.

53   En *La estructura del comportamiento* (1976), Merleau Ponty plantea que la visión biologista del cuerpo se equivoca al plantearse como una verdad absoluta. Es solo una representación posible entre otras y Ponty cuestiona el valor de verdad de dicha representación. "Las reacciones de un organismo –afirma– solo son comprensibles (...) si se las piensa, no como contracciones musculares que se desarrollan en un cuerpo, sino como actos que se dirigen a un cierto medio, presente o virtual. (...) Es decir que el 'organismo' es una expresión equívoca. El organismo entendido como un segmento de la materia, como una reunión de partes reales yuxtapuestas en el espacio y que existentes unas fuera de las otras, como una suma de acciones físicas y químicas. (...) ¿Es este el organismo verdadero, la única representación objetiva del organismo?" (1976:215).

54   Existen puntos de contacto entre la Hermenéutica y la Fenomenología y es que ambas corrientes hablan del ser humano como ser en situación y del lenguaje como posterior a la experiencia de los sentidos. En la corriente Hermenéutica contemporánea –como filosofía que se ocupa de la interpretación– encontramos a H. Gadamer y P. Ricoeur, entre otros.

no podía hablar. Así, el discurso –en tanto actividad predicativa– está precedido o fundado en una actividad o mundo antepredicativo[55]; posteriormente dicha actividad antepredicativa pasará al nivel del discurso. De esta manera, el discurso siempre será discurso sobre la experiencia, palabra que aparece después.

La ocupación del fenomenólogx está referida a esos "sentidos", descartando de plano que existan hechos objetivos. Siempre hay un sujeto que percibe; "sujeto de la percepción". ¿Quién entonces, tiene la verdad? ¿El astrónomo que afirma que la tierra gira alrededor del sol, o el ser humano común, sujeto de la experiencia cotidiana, para quien la tierra no gira?[56]

Para Merleau Ponty la verdad de la experiencia vivida es una verdad. La apariencia es verdad. No hay una verdad que sea absoluta, neutra ni objetiva, como lo pretende la ciencia. "La ciencia ignora al sujeto de la percepción", afirma, y en su discurso objetiva el conocimiento.

El "Yo pienso" es universalizable. El "Yo percibo" no lo es. Es subjetivo, relativo; las percepciones varían de un sujeto a otro y en la sucesión temporal; lo que ahora es cierto puede dejar de serlo instantes después, al cambiar la perspectiva, la distancia, la altura... Es sujeto de la percepción está individualizado: es en un aquí y ahora.

El ser humano *está* y *es* en el mundo que conoce, el cual se le presenta en su "estar ahí". De modo tal que la Fenomenología no establece categorías distintivas entre "verdadero" y "falso". Otorga de esta manera validez a la experiencia vivida –perceptiva, antepredicativa– como *verdad experimentada*. Existen, entonces, tantas verdades como experiencias vividas. Queda

---

55   La noción de "mundo antepredicativo" en Merleau Ponty se corresponde a lo que Heidegger llamaba "precomprensión": *un plexo de significatividad*; concepto que remite a la idea de una comprensión del mundo inmediato con el que nos familiarizamos a partir del *uso*. Esta precomprensión del mundo a partir del uso remite al orden de la *acción*, instancia a la que Heidegger llamaba *"ente a la mano"*, y que se consideraría como anterior al pensamiento. En su idea de *"ente ante los ojos"* se produce un distanciamiento del objeto, que como instancia posterior a la anterior, me permite "pensar", al objeto o al mundo. Para Heidegger, el ser humano es un ser cognocente que comprende el mundo, a partir de ser en el mundo.

56   Nuestra condición de seres humanos hace que la relación con el mundo esté mediada por construcciones intelectuales: palabras, conceptos, abstracciones, medidas, estadísticas. De esta manera, vemos el mundo en forma *indirecta* y juzgamos la realidad a través de sistemas convencionales que representan o simbolizan la realidad configurando lo que podríamos llamar "un segundo plano de la realidad". Pero existe otra forma de conocimiento del mundo basada en la *experiencia directa*.

planteado, así, desde la Fenomenología, el retorno a lo vivido como origen de todo conocimiento.

> El acto de conocer –plantea Merleau Ponty– no pertenece al orden de los hechos; es una toma de posesión de los hechos, incluso interiores, que no se confunde con ellos; es siempre una 're-creación' interior de la imagen mental (...) Se trata de una inspección del espíritu donde los hechos, al mismo tiempo que vividos en su realidad, son conocidos en su sentido. (1976: 276)

El cuerpo es cuerpo que conoce, cuerpo que percibe, y el tiempo es tiempo vivido. La verdad y el conocimiento no se completan de una vez y para siempre. Por el contrario, esta construcción es un flujo, un proceso, un devenir en cada aquí y ahora donde la verdad queda a expensas de una relatividad temporal y contextual.

La propia percepción continuamente se rectifica a sí misma, y, como dijimos antes, tiene un sentido; no se trata entonces de meros datos sensoriales producidos por un aparato perceptor. La percepción no puede reducirse a una mera recepción, o a un acto analítico; es por el contrario un acto constructivo. De modo que en la construcción del conocimiento la percepción organiza, estructura y da sentido a los datos aportados por el sensorio y rectifica, cada vez, una verdad que se va sustituyendo por otra.

De esta manera, una vez más, Merleau Ponty cuestiona el discurso absoluto –como verdad cerrada y permanente– de la ciencia[57] y remite a la idea hermenéutica de *develamiento* y *desocultamiento*, para quien no hay interpretación "adecuada", sino pluralidad de interpretaciones, como múltiples rostros de la verdad, de la cual el sujeto de la percepción capta siempre "algo" de esa verdad en un proceso dinámico y "algo" le es ocultado simultáneamente.

Solo es verdadero, indudable y absoluto, lo que se presenta *aquí y ahora*, por lo tanto no hay falsedad. Todo es verdadero. Lo verdadero está en el tiempo y en la historia. Quedaría así planteada una puja entre lo vivido y lo pensado, y Merleau Ponty pretende probar cómo el mundo vivido es el origen del mundo pensado.

El conocimiento abstracto tiene su fundamento en la dimensión de lo vivido, en el mundo de la vida. El conocimiento y el discurso científico es

---

57 La relatividad temporal de la verdad fue planteada por Heidegger en oposición a la postura de Aristóteles, para quien el objeto es objetivo y el ser humano debe adecuarse a esa objetividad y solo será verdadero todo conocimiento objetivo que de allí derive, postura en la que se sustenta la Filosofía y las Ciencias Clásicas.

un universo simbólico producido por seres humanos, y como tal no puede desprenderse de esta dimensión que involucra lo humano.

El espacio

En la filosofía de Merleau Ponty, el *aquí* es el origen de la noción de espacio, y está fundado en el cuerpo. Cuerpo, entonces, como lugar de la existencia, fundante de todos los demás espacios. Espacio de apertura al mundo y de apropiación del mundo, donde la frontera no existe como límite sino más bien como pasaje poroso entre mundo interno y mundo exterior. Merleau Ponty nos propondrá pensarnos y percibirnos ubicadxs en el espacio. Estamos en el espacio, como el corazón está en el cuerpo. Nuestro cuerpo es, entonces, lo que forma y hace vivir un mundo, es "nuestro medio general de tener un mundo".

Merleau Ponty sostiene que el "ser" es "ser para mí", de modo que el ser *es apariencia*. Lo que "aparece" ante mí tal como por mí es vivido no es no-verdad, como afirmaría la ciencia o los Filósofos Clásicos. La apariencia es verdadera. La "perspectiva" no se debe considerar como el mero punto de vista del sujeto, sino como una característica del objeto.

De modo que la perspectiva no es una deformación subjetiva de las cosas; muy por el contrario, en el planteo de Merleau Ponty la perspectiva *forma parte de la cosa, es la manera que tiene de presentarse la cosa.* El sujeto percipiente siempre está en situación; no hay *en sí* al que deba adecuarse el sujeto.

El cuerpo

Para Merleau Ponty el ser humano es un ser mixto. Constituido en la dialéctica entre su estructura orgánica –propia de la especie a la que pertenece– y su conciencia, ligada a un movimiento del ser en el mundo. Si bien la estructura orgánica forma parte de su ser –ya que se encuentra enlazada con las funciones propias de la condición humana– el cuerpo no puede considerarse como un conjunto de órganos, porque el ser humano se revela siempre como ser en el mundo, ser en situación, ubicado en el mundo gracias a su cuerpo.

El cuerpo es conciencia encarnada, lugar de la existencia del ser humano. Cuerpo que percibe, situándose como lugar fundante de todo conocimiento y toda abstracción posterior. De modo tal que el cuerpo, en Merleau Ponty, *es un constituyente*. Punto de partida de todo acto del conocimiento fundado en la percepción. Cuerpo capaz de percibirse a sí mismo y de percibir al mundo y construir a partir de allí conocimiento. Cuerpo como apertura y apropiación del mundo. Como dijimos antes, un espacio original, fundante de todos los demás espacios.

El *cuerpo fenoménico*, tal como él lo llama, cumple la función vinculante de ponernos en contacto con el mundo que nos rodea; mundo de objetos y de improntas culturales, que configurarán el contexto sobre el que se construye la conciencia, la cual siempre es conciencia encarnada. El cuerpo organiza el mundo de los objetos presentándose como un punto de referencia a partir del cual existe un arriba-abajo, un adelante-atrás, derecha izquierda, cerca-lejos, así como nociones de tamaño, temperatura, etc.; funciona como un espacio primordial que ordena las relaciones con el mundo permitiendo su aprehensión.

Los objetos del mundo son percibidos en la experiencia, cuyo centro de referencia o "punto cero" –como lo planteara Husserl– es el cuerpo propio. En este sentido el cuerpo es entendido como un sistema de acciones posibles, de modo tal que no se puede separar la percepción de un objeto de la acción ejercida sobre él. Acción y percepción se encuentran indisolublemente ligadas en el reconocimiento de los objetos sensibles del mundo exterior estableciendo una relación de correspondencias entre mundo interno y externo.

Dijimos que el cuerpo, en tanto lugar de la existencia y como asiento de la percepción, organiza el caos sensorial convirtiéndolo en una forma organizada dotada de sentido. Pero también el cuerpo mismo forma parte del mundo percibido. De este modo, el ente percipiente es a la vez objeto perceptible, estableciéndose una trama donde cuerpo y mundo están ligados por una relación de "*encabalgamiento*". Esto nos da por una parte un cuerpo vivido que se organiza en un esquema e imagen corporal, y por otra un cosmos, sostenidos en un vínculo indisoluble.

Asimismo, nos dice M. Bernard que el espacio corporal es para Merleau Merleau Ponty eminentemente un espacio expresivo, fundante de todos los demás espacios. Y agrega al respecto: "es lo que proyecta al exterior las significaciones dándoles un lugar, lo cual hace que estas cobren existencia como cosas que tenemos al alcance de nuestras manos y ante nuestros ojos. En este sentido nuestro cuerpo es lo que forma y hace vivir un mundo, es nuestro medio general para tener un mundo" (1980: 72).

Merleau Ponty da cuenta de que el universo de significados de cada ser humano no depende exclusivamente ni de estímulos externos ni de pautas orgánicas o anímicas. No habría que reducir las manifestaciones del cuerpo a causas mentales o anímicas previas a su corporización. Afirma que los fenómenos corporales no son traducciones o símbolos de un sentido anteriores a ellos, sino que son en sí mismos significativos porque el cuerpo *es intencional.*

Podríamos afirmar, por ejemplo, que un gesto de la cólera no "quiere decir", no pretende "transmitir" la idea de cólera, sino que un gesto de cólera *es* la cólera misma. Merleau Ponty cita como ejemplo un caso de histeria estudiado por L. Binswanger, en el que una joven pierde la voz cuando su madre le prohíbe continuar una relación amorosa, y nos dice que no es necesario "interpretar"[58] la pérdida de la voz como un rechazo a hablar, sino que la afonía directamente era el rechazo.

De este modo, diríamos que no hay que interpretar los hechos corporales como traducciones o meras repercusiones de estados afectivos, anímicos o mentales previos a la manifestación corporal, sino que ambos forman parte de una entidad única entre lo psíquico y lo fisiológico.

Para concluir, el cuerpo queda presentado como condición de la experiencia y como encarnación de una subjetividad. Dar primacía a la percepción, como propone Merleau Ponty y como hacemos en nuestra práctica de Sensopercepción, significa dar primacía a la experiencia, en la cual se funda el pensamiento. Y esto implica un acto de pensamiento crítico al modelo logocentrista y racionalista del modelo hegemónico, operando un giro en el modo de ser y estar en nuestros cuerpos; ya sea danzando o produciendo conocimiento.

Trabajar con la Percepción es un hecho político. Tanto en el campo filosófico, como de nuestra práctica corporal sensopercetiva.

---

58 Esta postura de Merleau Ponty puede sernos muy útil a la hora de pensar los abordajes que nos hablan de un lenguaje corporal o de una posible lectura del cuerpo; tanto en el ámbito de las terapias centradas en lo corporal como en la presencia del gesto y de la expresión del cuerpo y el movimiento en el arte.

CAPÍTULO 6

Cuerpo, arte y percepción

Tal como venimos viendo en el desarrollo de este trabajo, el ser humano, en su condición de ser bio-psico-sociocultural e histórico no es una entidad fija e inmutable. Por el contrario, se construye en un devenir en el que el contexto de este ser en situación va variando, y en una relación dialéctica sujeto y mundo se transforman.

Los cambios tecnológicos, científicos, políticos y económicos globalizados modifican las estructuras de pensamiento, los esquemas mentales, así como los modos de percepción enlazados a los mismos. La gran transformación de las condiciones de existencia, hace que los sujetos cambien, los cuerpos cambien y la percepción también. El arte, como fenómeno humano por excelencia, va a la par de estos cambios, ya sea que los anuncie, los provoque o de cuenta de ellos de manera activa y participante, proponiéndose como experiencia que desafía las variables condiciones de ser humano. Me refiero tanto a las formas de pensar el arte como a la experiencia que la obra provoca en lxs espectadorxs, como también al proceso creador en el que se encuentran inmersos lxs artistxs.

De este modo, en el arte contemporáneo y a partir de las vanguardias, los modos de creación clásicos empiezan a ser cuestionados y desmontados, y el concepto de lo bello y de obra cerrada darán paso a una a idea de obra abierta.

Merleau Ponty enlaza los cambios de pensamiento científico y estructuras del pensamiento del contexto clásico con el arte de esta época y se refiere a cómo el arte contemporáneo propone y expone otro modo de ser en el mundo, legitimando la subjetividad. En *El mundo de la percepción*, nos dice que el pensamiento moderno de esta etapa realiza una revisión crítica de los conceptos clásicos a favor de la experiencia tal como es vivida. Esto implicaría un retorno al cuerpo, a la experiencia fenoménica de los sentidos, recuperando un mundo, y poniéndolo en escena, tal como lo captamos sensorialmente.

El arte ofrece un mundo que es tal, en la medida en que el ser humano, a través de su cuerpo, está situado en él. Rompiendo con la perspectiva –surgida en el Renacimiento– que ofrece un lugar único y fijo de observación y unifica todas las percepciones posibles sometiéndolas a un único punto de vista; la estética de la fragmentación propia del Arte actual, coloca a lxs espectadorxs en una experiencia sensible que invoca y provoca múltiples puntos desde donde ubicarse y mirar. De esta manera, la obra o Performance pone en escena una experiencia perceptiva con los rasgos activos propios de un cuerpo situado en el mundo.

Una aproximación fenoménica a la obra coloca a lxs espectadorxs como centro hacia donde se dirigen una multiplicidad abierta de experiencias sensoriales que obliga a un trabajo hermenéutico y los ubica como partícipes activos en la producción de sentido.

Experiencia estética y trabajo creador

Si pensamos en el lugar de lxs espextadorxs, y en su actitud frente a la obra o Performance, diremos que la experiencia estética requiere de una experiencia sensible y un trabajo psíquico, y es este punto el que la diferencia del simple entretenimiento, o del espectáculo que busca producir distracción.

La obra de arte o performance puede ser reconocida como tal mediante este trabajo que nos exige al contemplarla; convocando un desciframiento *desinteresado* de aquello que revela, produciendo en ese acto un placer que le es específico: el placer estético.

Existe en la experiencia estética un cierto placer por el "reconocimiento" de algo que a la vez que se revela a la percepción se oculta al entendimiento. La mirada activa "descubre" una forma significante, y la obra se confirma como tal en este descubrimiento. Así, en el juego de trazos, colores, texturas, volumen, sonidos, gestos o movimientos e imágenes se configura la presencia nítida de un sentido inédito que conmueve a lxs espectadorxs por su solo hallazgo.

De esta manera vemos que el goce estético no se limita a una liberación placentera de una inhibición, sino que tiene alcances y cualidades que le son propios y lo diferencian. La emoción estética se presenta en cada "aquí y ahora", genuino, desinteresado. Mientras que la obra o Performance puede también producir otro tipo de emociones asociadas con objetos o situaciones precisas de nuestra vida personal, refiriendo al orden cotidiano, la emoción estética se produce, en cambio, ante un símbolo que convoque lo universal.

Las emociones asociadas a nuestra experiencia individual tendrían el rasgo de estar relacionadas al recuerdo y al símbolo consciente. Así, por ejemplo, la imagen nos emociona porque nos recuerda que estuvimos allí con alguien que ya no está con nosotros. Esta emoción no hace a la obra o Performance, no penetra en la significación de la obra misma, sino a la propia del individuo. Se encuentra limitada y cerrada en relación a una experiencia particular. Podríamos decir que es recordatoria de algo que no se ha olvidado.

Si bien este tipo de emociones se encuentra presente en la experiencia que produce la obra o Performance, o el artista apela a ellas, la emoción estética se caracteriza para muchxs autorxs por no quedar ligada solamente a esta instancia, sino que avanza hacia un orden universal, evocando y convocando a aquello que subyace a las emociones particulares. Se produce ante un simbolismo inconsciente que la obra encarna, evocando en lxs receptorxs una emoción antigua, del orden preverbal, que tendría como tal carácter universal.

Podríamos decir que la percepción y la emoción estética se construyen sobre las huellas de lo vivido que no es posible recordar y sería en el orden de la realidad psíquica donde la obra provoca el sentimiento de "verdad", superando el carácter autorreferencial y egocéntrico, tanto de espectadorxs como autorxs. De este modo, el arte supera el carácter testimonial de una vida en particular y se expande como testimonio de lo humano, entendido como un universal.

El trabajo creador del artista no reproduce la realidad, la reinventa. La desmonta, la fragmenta, la revela, la visibiliza, la enfatiza o desdibuja; presenta nuevos nexos, nuevas estructuraciones y representaciones, y al hacerlo pone ante nosotros lo que fue víctima del olvido o la distracción. Lxs artistxs ponen en escena un mundo *perdido* al que se empeñan en reparar y restituir. Su buceo en la profundidad de su interioridad, el contacto con contenidos arcaicos y su retorno a la superficie configurando un gesto expresivo, provoca en lxs espectadorxs un recorrido similar, exigiéndole el mismo trabajo.

En su autonomía, lxs artistas crean un mundo que pese a su carácter de inédito, tiene las huellas de un mundo que todxs hemos conocido. Sin embargo, este mundo debe ser descifrado; nuevamente hallado, redescubierto por lxs observadorxs partícipes. La percepción estética, libre de estereotipos, superadora de esquemas habituales, permite la inagotable creación de mundos que tanto artistas como espectadorxs comparten en un gesto de complicidad, lúdico por excelencia.

Cuerpo, arte y contexto contemporáneo

El arte posmoderno presentifica –a modo de resistencia y cuestionamiento– "lo otro" oculto tras lo visible, tras lo evidente, estallando los modelos únicos. Resalta el lado oscuro de la razón y se eleva crítico ante el costo de la racionalización a ultranza. Despliega lo diverso, incluye lo excluido. Se expresa fragmentario, lúdico, oscuro, resalta lo siniestro, subleva desde la ruptura de lo uniforme, en semejanza al discurso del inconsciente.

En este contexto, el cuerpo se convierte en objeto que se somete a pensamiento crítico; se tematiza, se muestra y se revela más allá de su dimensión biológica. Se cuestiona como única su versión material derivada del pensamiento cartesiano: cuerpo como *res extensa*, perteneciente al mundo de las cosas, dimensión material pensada en términos geométricos, físicos y matemáticos, y a las prácticas derivadas de esta concepción como técnicas de disciplinamiento al servicio de la racionalización política y económica.

El resultado de esta revisión crítica se observará no solo en los temas, los lenguajes, al menos los que así se esctructuran, los modos de componer y la reflexión estética, sino también en las técnicas de entrenamiento.

Podemos pensar junto con P. Pavis (2000: 58) que el arte contemporáneo implica un cuestionamiento de los modelos perceptivos hegemónicos, proponiendo a través de la obra o performance una ruptura en los esquemas de percepción corrientes de lxs espectadorxs y lxs intérpretes.

En el campo de la Danza, algunas de sus formas producen un cambio de actitud que implica una transición de la danza impersonal a la personal, donde el sujeto pasa a ocupar el lugar central. Durante un primer período se legitima una nueva lógica y la exploración del movimiento dará lugar a la emergencia de una nueva experiencia corporal para la danza. A través de la exploración y la improvisación se busca la trama constituida por la diversidad, en un concepto de integridad del ser y en un proceso centrado en la creatividad.

La exploración del movimiento sensible consciente sustituirá códigos prefijados de antemano, por movimientos centrados en la percepción del propio cuerpo, el espacio, el tiempo, la energía, la tensión, la relación con los otros y con los objetos en despliegues que surgen en la improvisación. El movimiento comienza a ser *investigado y explorado* en términos de desplazamientos, relaciones con el espacio y ocupación del mismo, relaciones con la gravedad, juegos con el peso, la velocidad, la dirección, la energía, de un cuerpo habitado en el aquí y ahora.

Todos estos "elementos" del movimiento serán objeto de la exploración por parte de lxs bailarinxs o performers y sustituirán a la idea de "pasos", "posiciones", y "desplazamientos" fijadas de antemano y ordenados racionalmente. Exploración e investigación se conjugan en la búsqueda creativa como propuesta de origen de una nueva forma de Danza en occidente, que desembocará en una investigación del movimiento como aspecto clave del entrenamiento de bailarinxs, y presente también en la producción artística fundada en procesos donde participa la improvisación como rescate importante del acto espontáneo.

Tanto en la creación como en la observación se irá poniendo en escena un sujeto de la percepción íntimamente ligado a los conceptos expuestos por Merleau Ponty, como a la consideración de la Percepción que expuse en otros puntos de este trabajo. En este desarrollo, la Sensopercepción tomará un cuerpo específico, como técnica de entrenamiento de base en la Expresión Corporal, no como un hecho aislado, sino como parte de un contexto de cambio que propone otro modo de pensar al ser humano y al mundo, proponiendo otras formas de existencias.

CONCLUSIONES

Como nos lo dice el sentido común, todos poseemos un saber sobre nuestro propio cuerpo, basado en nuestra experiencia de *ser y estar en el mundo*. Pero esta instancia, solo basada en un movimiento espontáneo, permanece fuera del foco de nuestra reflexión. Así, podemos afirmar también que el cuerpo, siendo lo más propio de nosotrxs mismxs, se nos presenta sin embargo "oculto", borrado y sin presencia, en la mayor parte de nuestra vida cotidiana.

Dos serán las experiencias que revivan espontáneamente la experiencia del cuerpo sacándolo del fondo y colocándolo como figura, protagonista del espectáculo de nuestra propia existencia que se revela ante nuestra conciencia. Una se funda en el dolor y la otra en el placer. Sometido a estos dos polos, el cuerpo sale a luz de un cotidiano adormecido. En el resto de las experiencias permanece mudo, oculto, sin revelarse; inmerso en un cotidiano vivir que lo disciplina y enmudece.

La propuesta de la Sensopercepción como técnica es entonces lograr un "desocultamiento" del cuerpo; pretende hacerlo presente en los pequeños y grandes actos de este ser en el mundo que es el humano. Implica evidentemente un salirse del uso cotidiano, adormecido en lo habitual, generando un espacio y un tiempo para ubicarse con presencia en la experiencia vivida.

Un entrenamiento para dirigir la atención hacia el propio cuerpo, una actitud que sale de lo global para penetrar en lo minucioso, un acto de la voluntad para introducirnos en la discriminación perceptiva, forman parte de esta propuesta que al ordenar la acción de un determinado modo se constituye en una práctica que permite ser, hacer y estar de otro modo.

Las primeras experiencias de la cría humana son motrices y sensoriales y, recordemos, son vividas emocionalmente. Por esto sensorialidad, motricidad y emoción se ligan en una trama indisoluble que funciona como telón de fondo de nuestra vida. Al proponer focalizar en estas experiencias, al darles un espacio y un tiempo que legitiman centrarnos en ellas para vivirnos desde allí con otrxs y con el entorno, surgen por derecho propio imágenes y emociones que forman parte del registro de nuestra historia, encarnada en el cuerpo. De este modo, considero que la técnica invoca y convoca a beber de una fuente íntima y profunda, rica en registros, que se convierten en el material que devendrá en hecho artístico.

Es habitual considerar a las actividades corporales que proponen un retorno a lo sensorial como regresivas. Es cierto, proponen un regreso a aquellas instancias de nuestros primeros momentos fuera de útero materno, una vuelta a aquello primero que durante un estadio de nuestro desarrollo fue un único modo de ser y estar en el mundo, de establecer vínculo y que dejan, además, registro de su devenir en la memoria inscripta en el cuerpo. Pero la propuesta de la Sensopercepción no reside solamente en plantear un regreso como meta, a modo de una ilusión de retorno al paraíso infantil. Exige un trabajo de presencia que atestigüe –sin perderse, sin disolverse– el espectáculo que se refleja ante el espejo de nuestra conciencia. La idea es "volver" para "recuperar" aquello que la vida cotidiana nos hace perder y retomar desde esta "apropiación" un nuevo modo de ser y estar en el mundo ubicadxs en el aquí y ahora.

La Sensopercepción propone recuperar, ampliar y profundizar la experiencia sensorial sobre la que se sustenta un saber –de sí mismx y del mundo– surgido de la experiencia directa; para luego producir un distanciamiento que permita introducir palabra, pensamiento, reflexión, y fundar conocimiento. Conocimiento, que como queda expuesto por Merleau Ponty, surge de la experiencia, anterior al pensamiento, y no se completa de una vez y para siempre. Exige un reencuentro que se reitera; la renovación de la aventura, la recuperación del deseo, como vía regia para dar un salto cualitativo en la experiencia y que esta se nos presente renovada cada vez.

De este modo, no hay "ejercicios" que se repitan y busquen la autamización, ni en quien los da desde el rol docente ni desde quien los recibe y los transita. Lxs docentes son *creadores de mundos*, en la medida en que generan situaciones para que otrxs experimenten en un tránsito singular. Lxs estudiantes, practicantes, son buscadorxs que asumen el coraje de internarse en una verdadera aventura, soltando la brújula que lxs orienta en lo habitual, para retornar a la superficie con un tesoro nuevo cada vez, del cual deberán apropiarse. Hablamos de hallazgos de imágenes, gestos, movimientos, actitudes, posturas, movimientos, relaciones con las leyes físicas y encuentros con otrxs, con el mundo de los objetos y la producción de símbolos.

Si hablamos de una práctica con miras a la producción artística, la misma requiere tanto un trabajo que implica adentrarse en su mundo interno –mundo de sensaciones, emociones, imágenes, ideas– como un trabajo de retorno y despliegue del movimiento, la postura, el gesto, la actitud, a través de los cuales se expresa. Es decir, un trabajo que remite al orden del inconsciente como de la conciencia y manejo del mundo y de la realidad, a través de un cierto dominio de los materiales con los cuales se expresa cada artista. Los entrenamientos ya no se equiparan a una "gimnasia", sino a un trabajo interior.

En cuanto a su aplicación para el entrenamiento y desarrollo de habilidades y destrezas motoras, es decir para el aspecto instrumental del cuerpo, la Sensopercepción trabaja en forma integral, sin disociar al sujeto. Considerando al movimiento en su unidad psicomotriz y psicotónica, desarrolla potenciales de habilidades motoras sobre la base de considerar al cuerpo como órgano de la expresión. El movimiento así logrado deberá realizar un pasaje *a posteriori* –mediante un desarrollo específico que propone la Expresión Corporal a través de otros de sus contenidos– que transmute el aprendizaje motor sensible consciente en poéticas del movimiento en su dimensión estética y artística.

La Sensopercepción como técnica propone un camino de apertura sensorial tal que coloca al ser humano en la posibilidad siempre renovada de hallar nuevas verdades, de desocultar lo silenciado, legitimando su capacidad de dar nuevas formas, fundar nuevo orden y otorgar sentido.

Puede ser entendida, entonces, como un camino que contribuye a la configuración de sujetos partícipes y activos en la construcción de realidad, siempre y cuando su práctica sea revisada y repensada, alertas de no caer en una forma más de disciplinamiento y control social de los cuerpos, reproduciendo los modos del orden hegemónico.

Síntesis

La Expresión Corporal es una forma de Danza centrada en las percepciones de un cuerpo entendido no solo como organismo sino como encarnación de un sujeto situado en al mundo; la conciencia como presencia corporal y la improvisación. Improvisación que se da como camino, tanto en las faces de exploración del cuerpo en movimiento, para abrir o despertar una sensibilidad que dé lugar a una presencia diferente al danzar desplegando la poética del cuerpo, como en los momentos de producción y construcción creativa. Tomando este camino y esta interpretación de la Expresión Corporal apuntamos a la creación de danzas espontáneas centradas en la percepción del propio cuerpo "situado en el mundo", al decir de Merleau Ponty.

La Sensopercepción es, según su creadora Patricia Stokoe, la técnica de base de la Expresión Corporal para los entrenamientos posturales, motores expresivos y creativos. Ella nos dice: "El desarrollo sensoperceptivo es la unidad de la Expresión Corporal, de aquí parten los caminos del desarrollo de técnicas adecuadas para el *despliegue del movimiento*, la *creatividad* y la *comunicación*, los tres materiales que se encuentran en la Expresión Corporal" (Kalmar, 2020:40).

Definida desde un enfoque neurofisiológico, Sensopercepción es "el registro consciente de la realidad tal cual se presenta ante los sentidos en el interior del psiquismo".

El enfoque biológico por sí solo no alcanza para dar cuenta de la complejidad de la dimensión humana y por ende de la corporeidad. Nos hacen falta otros paradigmas (interpretacionistas constructivistas, de la complejidad) y otros enfoques disciplinares. Por esto, proponemos articular otros enfoques que nos permitan configurar una plataforma que habilite pensar al cuerpo, al sujeto, al ser humano y sus producciones desde una perspectiva multirreferencial. Enfoques psicológico, sociológico, antropológico, filosófico, estético, político, histórico, entre otros.

Para una mejor comprensión se hace necesario distinguir los conceptos de cuerpo y organismo. Este último da cuenta de la especie y contiene en sí el registro genético de la historia de su evolución filogenética en los procesos de *hominización*. Es lo dado por la naturaleza. Es neutro y universal; el mismo para toda la especie. El cuerpo, en cambio, se construye por un sistema diferente del biológico. Da cuenta de la historia del sujeto y sus contextos socioculturales e históricos, porque no es lo "dado", sino que se *construye* en una matriz vincular, sociocultural e histórica mediada por el lenguaje, propio de los procesos de *humanización*. Es dinámico, variable según los contextos, singular y habla del sujeto. El cuerpo es poético; el organismo no lo es.

Como técnica de la Expresión Corporal trabaja sobre los entrenamientos sensibles-motores, expresivos y poético-creativos para la danza, basados en la conciencia a través de la presencia corporal y kinestésica centradas en las percepciones del propio cuerpo. De esta manera podemos decir que es, desde mi perspectiva, una técnica sensorial para la Danza que incluye el despliegue poético-kinestésico y corporal (gestual, dramático, actitudinal) en la trama que reúne sensaciones con imágenes y emociones, y a estas con movimientos, gestos, posturas, actitudes. Se despliegan así contenidos que habitan la memoria y aun lo que no llega a ella y viven en el inconsciente de un sujeto encarnado en su corporeidad. Y se despliegan entramadas al movimiento en una dimensión simbólica e imaginaria que podemos llamar *poética* y que se presentifica desde la corporeidad danzante situada en el aquí y ahora. De modo tal que nada debe ser "agregado" al movimiento para que éste sea expresivo, porque, como dice G. Alexander, el movimiento expresa lo que la persona *es* en ese momento.

Uno de sus principales objetivos es despertar la conciencia corporal para habilitar la experiencia de estar presente, habitando el cuerpo en el mundo. No hablamos de limitarnos a una conciencia del orden del pensamiento que enfoque su atención en nuestros músculos, huesos, tendones, órganos… que configuran nuestro "espacio corporal". Desde mi propuesta, apunto a lograr, además, un estado de "presencia" por la vía de "habitar" nuestro espesor corporal, el cual es poético. De esta manera, la Sensopercepción así abordada no se detiene en una concientización del organismo dado por la naturaleza, sino que nos proponemos llegar a un estado de presencia del cuerpo, entendido como construcción sociocultural, histórica, política, afectiva, emocional y vincular.

La percepción –sobre todo del propio cuerpo– nos ubica en el *aquí y ahora*, porque el estímulo debe estar presente. La Sensopercepción nos entrena en el *aquí y ahora* abriendo caminos para la improvisación y la creación de danzas espontáneas, o composición instantánea o composición en tiempo real, en un despliegue poético del cuerpo.

La práctica apunta a un despertar, sostenido en la *exploración sensible, lúdico-creativa* del cuerpo en movimiento y en quietud. Propone tránsito, profundización, e internalización, que en un devenir sostiene como eje la noción de cuerpo ligada al sentimiento de mismidad que permite al sujeto ser creador e intérprete de sus propias danzas.

Sus objetos variarán. Desde el abordaje del organismo: desde la estructura osteomuscular, el registro de piel, órganos internos, localización y apropiación del espacio tridimensional del cuerpo, dominios motrices, grados de tensiones musculares con variación en tiempo y espacio, relación consciente con la fuerza de gravedad –entre otros– reunidas en la percepción del propio cuerpo y la construcción de su imagen, siempre en interacción con el mundo. Desde el abordaje del cuerpo: la posibilidad de habitar el espacio corporal que devine en *espesor corporal*, situarnos y desplegar la poética de ese cuerpo en improvisaciones.

La Sensopercepción entrena los aprendizajes motores, las habilidades y destrezas del movimiento proponiendo el camino de la *exploración lúdico creativa del movimiento sensible consciente.* Sus alcances llegan hasta lo mas íntimo del sujeto. Su dirección singular: despertar la potencia del deseo y provocar su despliegue poético, estético y político en las Artes del Movimiento.

La Sensopercepción va de la conciencia corporal y kinestésica (peso, espacio tridimensional del cuerpo, periferia, espacios internos, localización de las parte e integración en un todo, huesos, músculos, movimiento) al despliegue poético donde se produce la asociación de sensaciones, imágenes, emociones y movimientos. Como dice Michel Bernard en *Nouvelles de Danse,* "el imaginario está en la sensación".

Cuando hablamos de "despliegue poético" hablamos de despliegue imaginario –y no me refiero al concepto de imaginario de Lacan– a partir de la sensación y de las percepciones corporales, que convierte a la conciencia corporal y kinestésica en *danza.* De esta manera podemos afirmar, que la Sensopercepción nos conduce al despliegue imaginario a partir de las percepciones corporales ligando en una trama sensaciones, con imágenes, emociones, posturas, actitudes y movimientos de manera espontánea. Es decir improvisando. Así llegamos a las danzas de creación espontánea, donde se pone en escena un despliegue imaginario, poético a partir de las percepciones corporales de una corporeidad situada en el mundo y en el aquí y ahora.

La Sensopercepción, en tanto técnica extracotidiana, propone una experiencia corporal que provoca nuestros hábitos perceptivos generando una ruptura que desafía nuestros puntos de referencia y exige la reacomodación de nuestra sensibilidad. Intervenir sobre la percepción no es un hecho ingenuo. Es a partir de la percepción que construimos una interpretación de nosotrxs mismxs y del mundo. Existe un política de la percepción y un régimen de lo sensible. Los modelos sensoriales adquiridos en la vida cotidiana nos ofrecen marcos de interpretación y de significación de nuestra experiencia en el mundo. Por lo tanto, podemos afirmar que la Sensopercepción interpela esos modelos hegemónicos y genera posibilidades de autonomía en el sujeto diluyendo bloqueos y estereotipos, dando lugar a la emergencia de lo nuevo.

Las técnicas conscientes apuntan al desarrollo del Esquema Corporal. La Sensopercepción, desde mi perspectiva y práctica, si bien apunta a la construcción de dicho Esquema, se orienta sobre todo a la Imagen Corporal y la Imagen Inconsciente del cuerpo y su despliegue poético para la danza. La Expresión Corporal desde su abordaje sensorial de la Danza, no va tras las formas ni los argumentos previos. Nos permite danzar la vida imaginaria.

BIBLIOGRAFÍA

ABBAGNANO, N. (1961) *Diccionario de Filosofía*. Buenos Aires: Fondo de Cultura Económica.

ALEXANDER, G. (1983) *La Eutonía*. Buenos Aires: Paidós.

ANDERSON IMBERT, E. (1982) *Teoría y práctica del cuento*. Buenos Aires: Marymar.

BARTHES, R. (1989) *Variaciones sobre la escritura*. Buenos Aires: Sudamericana.

BERNARD, M. (1980) *El Cuerpo*. Buenos Aires: Paidós.

BERNARD, M. (1994) "El imaginario germánico del movimiento o las paradojas del lenguaje de la danza de Mary Wigman", en Pavis y Guy Rosa, *Tendencias interculturales y práctica escénica*. México: Grupo Editores Gaceta.

BERNARD, M. (2001) *De la création coréografique*. París: Centro Nacional de la Danza.

BROOK, Ch. (2000) *Conciencia sensorial*. Barcelona: La liebre de marzo.

BUTLER, J. (2001) *El género en disputa. El feminismo y la subversión de la identidad*. México: Paidós.

BUTLER, J. (2002) *Cuerpos que importan. Sobre los límites materiales y discursivos del sexo*. Buenos Aires: Paidós.

BUTLER, J. (2018) *Deshacer el género*. Buenos Aires: Paidós.

CALMELS, D. (1997) *Cuerpo y Saber*. Buenos Aires: D&B Editores.

CLASSEN,C. (1997) "Fundamentos de una antropología de los sentidos". *Revista Internacional de Ciencias Sociales* (RICS) n° 153, UNESCO.

CLASSEN, C.; HOWES, D. y SYNNOTT, A. (1994) *Aroma: The cultural history of Smell*. Londres y Nueva York: Routledge.

DIAZ, E. y otros (1996) *La ciencia y el imaginario social*. Buenos Aires: Biblos.

DIGELMAN, D. (1980) *La Eutonía de Gerda Alexander*. Buenos Aires: Paidós.

DOLTÓ, F. (1986) *La imagen inconsciente del cuerpo*. Buenos Aires: Paidós.

DOLTÓ, F. (1998) *Textos Inéditos*. Madrid: Alianza.

EHRENZWEIG, A. (1975a) *El orden oculto del arte*. Madrid: Labor.

EHRENZWEIG, A. (1975b) *Psicoanálisis de la percepción artística*. Barcelona: Gustavo Gilli.

GADAMER, H. (1991) *La actualidad de lo bello*. Buenos Aires: Paidós.

GARCÍA, E. A. (2012) *Maurice Merleau Ponty. Filosofía, corporalidad y percepción*. Buenos Aires: Rhesis.

GRÜNER, E. (2019) "Foucault, una política de la interpretación". *Revista Topos y Tropos* nª 3, julio, Córdoba, Argentina.

GUIDO, R. (2014) *Teorías de la Corporeidad. Distintas representaciones del cuerpo en Occidente*. Buenos Aires: Instituto Universitario Nacional del Arte, Departamento de Artes del Movimiento.

GUIDO, R. (2016) *Reflexiones sobre el danzar. De la percepción del propio cuerpo, al despliegue imaginario en la Danza*. Buenos Aires: Miño y Dávila editores.

HOWES, D., comp. (1991) *The Varieties of Sensory Experience: A Sourcebook in the Anthropology of the Senses*. Toronto: University of Toronto Press.

IVELIC, M. (1998) *Curso General de Estética*. Santiago de Chile: Ed. Universitaria.

KALMAR, D. (2005) *Qué es la Expresión Corporal. A partir de la corriente de trabajo creada por Patricia Stokoe*. Buenos Aires: Lumen.

LABAN; R. (1982) *Danza Educativa Moderna*. Buenos Aires: Paidós.

LAPIERRE, A. y AUCOUTURIER, B. (1974) *Educación Vivenciada*. Barcelona: Ed. Científico Médica.

LAPIERRE, A. y AUCOUTURIER, B. (1980a) *El cuerpo y el inconsciente en educación y terapia*. Barcelona: Ed. Científico Médica.

LAPIERRE, A. y AUCOUTURIER, B. (1980b) *Simbología del movimiento*. Barcelona: Ed. Científico Médica.

LE BOULCH, J. (1985) *Hacia una ciencia del Movimiento Humano*. Buenos Aires: Paidós.

LE BRETÓN, D. (1995) *Antropología del cuerpo y modernidad.* Buenos Aires: Nueva Visión.

LE BRETÓN, D. (1998) *Las pasiones ordinarias Antropología de las emociones,* Buenos Aires: Nueva Visión.

LE BRETÓN, D. (1999) *Antropología del dolor.* Madrid: Seix Barral.

LE BRETÓN, D. (2002) *La sociología del cuerpo.* Buenos Aires: Nueva Visión.

MARTIN, J. (1966) *The Modern Dance.* Nueva York: Barnes.

MASONNEUVE, J. (1984) *Modelos del cuerpo y psicología estética.* Madrid: Paidós Ibérica.

MERLEAU-PONTY, M. (1975) *Fenomenología de la percepción.* Madrid: Península.

MERLEAU-PONTY, M. (1976) *La estructura del comportamiento.* París: Hachette.

MERLEAU-PONTY, M. (2003) *El mundo de la percepción. Siete conferencias.* Buenos Aires: Fondo de cultura económica.

NASIO, J. D. (2008) *Mi cuerpo y sus imágenes.* Buenos Aires: Paidós.

PAÍN, S. (1985) *La génesis del inconsciente. La función de la ignorancia II.* Buenos Aires. Nueva Visión.

PAÍN, S. (1998) *Estructuras inconscientes del pensamiento. La función de la ignorancia I.* Buenos Aires: Nueva Visión.

PAVIS, P. (2000) *El análisis de los espectáculos –teatro, mimo, danza y cine.* Barcelona: Paidós.

PAVIS, P. (2003) *Diccionario del teatro – Dramaturgia, estética, semiología.* Buenos Aires: Paidós.

PAVIS, P. y ROSA, G. (1994) *Tendencias interculturales y práctica escénica.* Grupo Editorial Gaceta.

PÉREZ TORNERO, J.M. (2000) *Comunicación y educación en la sociedad de la información.* Barcelona: Paidós.

PIAGET, J. (1972) *Psicología y epistemología.* Buenos Aires: Emecé.

SCHILDER, P. (1977) *Imagen y apariencia del cuerpo humano.* Buenos Aires: Paidós.

SCHILLER, F. (1982) *Cartas sobre la educación estética del hombre.* Oxford: Clarendon.

SELDEN, S. (1972) *La escena en acción.* Buenos Aires: Eudeba.

STOKOE, P. (1965) *La Expresión Corporal y el niño*. Buenos Aires: Ricordi.

STOKOE, P. y SCÁCHTER, A. (1977) *La Expresión Corporal*. Buenos Aires: Paidós.

STOKOE, P. (1990) *Expresión Corporal –Arte, Salud y Educación*. Buenos Aires: Humanitas.

WATZLAWICK, P. (2011) *Teoría de la comunicación humana*. Barcelona: Herder.